BIBLIOTHÈQUE PÉDAGOGIQUE

JEAN-PAUL RICHTER

SUR L'ÉDUCATION

TRADUCTION AVEC PRÉFACE

PAR

Mme Vve JULES FAVRE

NÉE VELTEN

PARIS

LIBRAIRIE CH. DELAGRAVE

15, RUE SOUFFLOT, 15

A LA MÊME LIBRAIRIE

BIBLIOTHÈQUE PÉDAGOGIQUE

Les écrivains pédagogiques du XVIe siècle, extraits des œuvres de ERASME, SADOLET, RABELAIS, LUTHER, VIVÈS, RAMUS, MONTAIGNE, CHARRON, par PAUL SOUQUET, in-12, br. . . . . 2 »

Emile ou de l'éducation, par J.-J. ROUSSEAU (Extraits choisis), avec deux introductions, par PAUL SOUQUET, in-12, br. 2 50

Doctrines pédagogiques des Grecs, par ALEX. MARTIN, agrégé des lettres, in-12, br. 1 25

Pensées sur l'éducation des enfants, par J. LOCKE, notes par LOUIS FOCHIER, in-12, br. 2 50

Traité de l'éducation des filles, par FÉNELON, publié avec une introduction et des notes, par PAUL ROUSSELOT, ancien professeur agrégé de philosophie, inspecteur d'académie, in-12, br. . . . . 1 »

Traité des études de Rollin, directions pédagogiques recueillies par F. CADET et E. DARIN, in-12, br. . . . . 2 »

La pédagogie féminine, extraits de tous les traités sur l'enseignement des femmes, par PAUL ROUSSELOT, in-12, br. . . . . . . 2 »

Comment Gertrude instruit ses enfants, traduit de Pestalozzi par le Dr DARIN, in-12, broché 2 50

— *Le même*, avec portrait hors texte . . . 2 75

La pédagogie révolutionnaire (1780 à 1800), par G. DUMESNIL, ancien élève de l'Ecole normale supérieure, in-12, br. . . . . 2 »

Madame de Maintenon, éducation et morale, choix de lettres, entretiens et instructions, par FÉLIX CADET, inspecteur général de l'instruction publique et le docteur DARIN, licencié ès lettres, in-12, br. . . . . 2 »

Cours théorique et pratique de pédagogie, à l'usage des écoles normales primaires, par CHARBONNEAU, précédé d'une introduction par J.-J. RAPET. In-12, br. . . . 2 75

Le même, cart. 3 25

Pédagogie, à l'usage de l'enseignement primaire, par PAUL ROUSSELOT. In-12, br. . . 3 »

Le même, cart. 3 50

Histoire universelle de la pédagogie, par E. PAROZ, directeur d'école normale. In-12, br. . . . . 4 »

Lettres sur la pédagogie, par F. CADET, inspecteur général de l'instruction publique. In-12, br. . . . . 2 »

Lettres sur la profession d'instituteur, par A. THÉRY. In-12, br. . . . . . 2 »

L'école primaire, essai de pédagogie élémentaire, par PAUL ROUSSELOT. In-12, br. 1 25

Conseils aux instituteurs, par RICHARD. In-12, br. 0 50

De l'éducation dans la démocratie, par Mme L. COIGNET, In-12, br. . . . . 3 »

L'instruction primaire aux États-Unis par PAUL PASSY, in-12, br. . . . . 2 »

L'Ecole maternelle, étude sur l'éducation des petits enfants, par Mme CHALAMET, in-12, br. 2 50

Théorie de l'Éducation par RŒHRICH, In-12, br. 2 50

Conférences faites au Havre, in-12 br. 4 50

L'école nouvelle par BEURDELEY, In-12, br. 1 50

De la Morale dans l'éducation par Mme COIGNET, In-12, br. . . . . 3 »

Conférences pédagogiques, faites à la Sorbonne, en août 1878, aux instituteurs délégués, par MM. LEVASSEUR, BERGER, BROUARD, JOST, MAURICE GIRARD, DE BAGNAUX, docteur RIANT, MICHEL BRÉAL, LIES-BODARD, DUPAIGNE, BUISSON. 1 fort vol. in-12, br. 3 50

Conférences pédagogiques de Paris en 1880. — Rapports et procès-verbaux. In-12, br. . . . . 2 »

Congrès pédagogique de 1881. In-12, br. 1 25

Le Congrès des instituteurs allemands, par G. JOST. In-12. br. . . . . 2 »

Conférence sur le mobilier scolaire par de BAGNAUX, In-12, br. 0 50

Enseignement par l'aspect par BERTON In-12 br. 0 30

Guide des délégués cantonaux (le) pour la surveillance et l'inspection des établissements primaires, par E. D'OLLENDON. Br. in-12. . . . . 0 30

Code manuel des délégués cantonaux et communaux, par CH. LHOMME et PIERRET, avec une introduction de CUISSART. 1 vol. in-12, br. . . . . 3 »

Le même, cart. toile anglaise 3 50

Code manuel des membres des commissions municipales scolaires, par CH. LHOMME. In-12, br. . . . . 3 »

Cart. toile 3 50

Ecoles primaires et salles d'asile, construction et installation, par FÉLIX NARJOUX. In-12, avec de nombreux plans et figures, br. 2 50

Ecoles publiques en Europe (les), Conférences de FÉLIX NARJOUX. In-18, br. . . . 0 25

Ecoles normales primaires (les), par LE MÊME. 1 vol. in-8°, br. . . . . . . 12 »

Règlement pour la construction et l'ameublement des maisons d'école, par LE MÊME. Br. in-8°. 0 50

Introduction de la méthode des salles d'asile dans l'enseignement primaire conférences faites aux instituteurs réunis à la Sorbonne à l'occasion de l'Exposition de 1867, par Mme MARIE PAPE-CARPANTIER. In-12, br. 0 75

Les écoles maternelles, par Mlle MATRAT. In-12, br. . . . . 1 »

Pédagogie des travaux à l'aiguille, par Mme P.-W. COCHERIS. In-12, br. . . . . 3 »

L'Enseignement secondaire des filles par Mme LAMOTTE. In-12, br. . . . . . 1 »

La loi sur l'organisation de l'enseignement primaire. Recueil de documents parlementaires relatifs à la discussion de cette loi à la Chambre des députés. 1 très fort volume in-8°, br. . . . . 6 »

Etudes sur la vie et les travaux pédagogiques de J.-H. Pestalozzi, par P. POMPÉE, premier directeur de l'école municipale Turgot. 1 vol. in-12, br. . . . . . 4 »

Paris. — Imprimerie G. Rougier et Cie, rue Cassette, 1.

JEAN-PAUL RICHTER

SUR L'ÉDUCATION

SOCIÉTÉ ANONYME D'IMPRIMERIE DE VILLEFRANCHE-DE-ROUERGUE
Jules Bardoux, Directeur.

BIBLIOTHÈQUE PÉDAGOGIQUE

JEAN-PAUL RICHTER

SUR L'ÉDUCATION

TRADUCTION AVEC PRÉFACE

PAR

Mme Vve JULES FAVRE

NÉE VELTEN

PARIS

LIBRAIRIE CH. DELAGRAVE

15, RUE SOUFFLOT, 15

1886

PRÉFACE

Le monde est plein de pédagogues, et les moins excellents ne sont peut-être pas ceux qui font de la pédagogie sans le savoir, ces esprits droits et ces cœurs dévoués qui trouvent et appliquent par intuition les vérités de sens commun, mises en lumière avec tant d'originalité et de finesse par le génie de Montaigne, pour servir de guide dans l'éducation de soi et celle d'autrui.

C'est notre temps qui a la prétention d'avoir créé la science ou l'art de la pédagogie. Je ne sais quel nom il faut donner à ce recueil de préceptes, d'observations, de procédés et d'expériences, considéré par les pédagogues les plus autorisés comme une initiation indispensable à toute œuvre d'éducation. Les générations qui participent aux bienfaits de cette science nouvelle en démontreront peut-être l'efficacité. Mais serait-il prématuré d'en rechercher dès à présent les résultats, de se demander s'il y a plus de têtes bien faites et d'âmes bien trempées depuis qu'on parle et écrit davantage sur la pédagogie ; si la multitude de pédagogues, plus ou moins pénétrés de théories qui ne sont pas le fruit de leur expérience personnelle, est favorable ou non au libre développement de l'individualité intellectuelle et morale ?

Ces pensées nous préoccupaient, quand un heureux hasard fit tomber dans nos mains une œuvre de Jean-Paul Richter : *Levana, ou la Science de l'éducation.* Cette œuvre, dont l'originalité est souvent de la bizarrerie, nous semble se prêter difficilement à une interprétation française. Nous avons essayé d'en rendre quelques fragments qui nous paraissent exprimer avec le plus de force et de clarté la pensée de l'auteur, digne émule de Montaigne dans l'art d'élever les esprits sans les déformer. Nous ne croyons pas utile d'insister sur ce que nul ne conteste, savoir la haute importance donnée par Jean-Paul à la première éducation et aux devoirs des éducateurs appelés par la nature à surveiller la naissance de l'individualité, l'éclosion de l'être qui pense, qui sent et qui veut. Ce qui nous a particulièrement touchée dans son œuvre, c'est le respect profond de l'individualité, la constante préoccupation de défendre la liberté de l'être humain contre toutes les influences qui tendent à le pousser en dehors de sa voie et à lui donner une nature d'emprunt. Voilà les traits caractéristiques de la pédagogie de Jean-Paul. Ce qu'il redoute surtout c'est l'effacement de la personnalité, le nivellement des esprits et des caractères, comprimés et rétrécis par une règle, une mesure uniforme qui ne trouve pas son point d'appui dans la nature même de l'individu.

Nous n'avons pas l'intention de commenter le discours humoristique par lequel l'auteur semble démontrer l'inefficacité de l'éducation ; mais nous sommes frappée des vérités que ses ingénieux paradoxes mettent en évidence. La première de ces vérités, c'est que nous parlons beaucoup trop dans l'éducation ; la seconde, que notre enseignement manque de vie et ne produit pas la conviction qu'entraîne l'action. Nous avons la prétention de croire que notre expérience peut instruire nos élèves, et nous oublions que la vie seule nous a enseigné cette sagesse que nous voudrions inculquer aux autres. Aussi sommes-nous tout déconcertés quand l'enfant, poussé par le besoin d'activité, cherche à s'échapper du cercle étroit où nous essayons de l'enfermer et que, dans la joie de vivre de la vie qui lui est propre, il ne tient compte de nos préceptes que si la vie les lui enseigne à son tour. Ce n'est pas seulement dans l'éducation morale que nous cherchons à substituer notre vie à celle de nos élèves, dans l'éducation intellectuelle aussi, nous nous arrogeons le droit de penser pour eux et, de peur qu'ils ne s'égarent, nous leur refusons toutes les satisfactions de la découverte. Nous les abreuvons de notre science plus ou moins livresque, que leur mémoire garde comme un bien étranger dont ils ne peuvent pas disposer.

La manie de parler, d'imposer aux autres le résultat de nos expériences, sous prétexte de leur épargner de longs et pénibles tâtonnements, se retrouve aussi dans l'éducation que nous donnons à nos futurs professeurs. La plus parfaite leçon de pédagogie vaut-elle une seule heure de communion avec les esprits qu'on est appelé à former ? Dans cette action réciproque du maître sur les élèves et des élèves sur le maître, le vrai maître se révèle à lui-même, et il trouve par l'inspiration ce que nulle formule ne saurait lui enseigner. Toutes les forces vives de ces intelligences qui s'éveillent mettent en branle son esprit, qui stimule à son tour leur activité, heureuse de s'exercer en toute liberté. Mais celui qui se fie à ses formules, uniquement préoccupé de les appliquer, laisse échapper toutes les occasions de s'en servir, ou bien il en fait une règle tyrannique à laquelle il soumet sans discernement tous ses élèves.

La surabondance des paroles n'est pas la seule cause de la stérilité de notre enseignement : il y a une autre cause plus profonde, c'est le manque de conviction. Nous ne savons pas communiquer ce qui n'est pas devenu une partie même de notre être ; et nos paroles sont lettre morte sans la conviction qui les vivifie. La qualité essentielle de l'éducateur c'est la sincérité : il faut qu'il croie ce qu'il dit. Alors la chaleur de sa conviction se transmet ; l'attention est captivée par sa parole toute pénétrée de l'idée qu'elle tend à exprimer, et les esprits les plus apathiques sont réveillés, les plus rebelles sont vaincus, par son irrésistible bonne foi. Cette conviction intellectuelle peut produire la même conviction dans autrui, mais quand il s'agit de faire accepter des vérités morales, il faut que toute la vie en soit l'évidente démonstration. L'enfant croit naturellement; mais il est doué aussi d'une pénétration redoutable pour les éducateurs qui ne s'efforcent pas de mettre leur vie d'accord avec leur enseignement. Et malheur à celui qui altère la candeur de l'enfant, en lui montrant qu'on peut agir autrement qu'on ne parle! C'est le plus souvent à nous-mêmes que nous devons nous en prendre de l'inutilité de nos leçons, car elle provient presque toujours d'une contradiction entre nos actes et nos paroles. Jean-Paul dit que « les enfants ressemblent le plus à leurs parents, précisément là où les éducateurs sont silencieux ». Il y a donc une prédication plus puissante que la parole, et qui agit indirectement et avec d'autant plus d'efficacité que cette action n'est pas la fin qu'elle se propose. C'est ce qui faisait la force des jansénistes, ces éducateurs par excellence, dont l'autorité était due moins au talent et au savoir qu'à la droiture, à la fermeté du caractère et à la dignité de la vie. Ils instruisaient par leurs actions bien plus que par leurs paroles, et leur devise était : « Patience et silence. » Jean-Paul résume en un seul mot l'œuvre de l'éducation, en disant que c'est « une transfiguration du disciple en maître ». Et pour que le maître puisse travailler à cette transfiguration, il faut qu'elle se soit d'abord accomplie en lui-même, que sa nature supérieure commande à l'autre, que son âme soit enflammée de la passion du bien et se perfectionne en assistant à la naissance d'un moi, d'une conscience, d'un être divin dans l'être humain. C'est ainsi que sa vie devient une éloquente prédication qui donne elle-même la vie.

Outre cette action indirecte et le plus souvent inconsciente, quel est le rôle de l'éducateur dans la création de l'homme moral, dans la naissance et les progrès de l'idéal? C'est là surtout que nous voudrions lui recommander le silence et la patience. C'est en effet dans le silence qu'il doit observer la nature de l'enfant, de peur de lui dicter un idéal à sa façon, au lieu d'aider le réveil de son individualité! L'éducation est une œuvre désintéressée : il ne s'agit pas d'encourager et de développer les goûts, les aptitudes et les qualités qui sont le plus conformes à ceux du maître, afin que celui-ci se retrouve lui-même dans son œuvre et qu'il se complaise dans la contemplation de son image. Mais il faut que le maître s'efface pour faire place à la personnalité de l'élève; qu'il respecte l'œuvre de la nature et qu'il en favorise le libre développement pour l'amener à l'état le plus parfait. Qu'il se garde de troubler par une intervention intempestive l'action de la raison et de la conscience qui s'éveillent! Qu'il travaille à se rendre lui-même inutile, en faisant le plus souvent appel à ce maître intérieur, qu'il s'agit de rendre clairvoyant, juste et ferme, puisque c'est lui qui est le directeur permanent de l'homme! Qu'il craigne plus d'entraver la liberté de son élève que de l'exposer à faire des faux pas ! Qu'il supporte avec patience les fautes que nécessite l'apprentissage de la liberté ; qu'il ne voie pas dans ces fautes la condamnation de son système, mais qu'il les regarde comme d'inévitables expériences, plus utiles à l'homme que les plus sages leçons de tout autre maître ! En ne comprenant pas l'importance de la liberté et de l'action personnelle de l'élève, l'éducateur se prépare à lui-même de cruels désenchantements, et à son élève une vie plus ou moins inutile. En vain s'efforce-t-il de développer ce qui n'existe pas ; tout ce qu'il croit ajouter à la nature de l'enfant n'est qu'un travail de surcharge que la vie anéantit aussitôt, sans que l'éducation lui ait appris à tirer parti de ce que la nature lui avait donné.

Jean-Paul distingue entre l'individualité de l'intelligence et celle du cœur : il est d'avis qu'il n'y a qu'à laisser grandir celle-là qui, d'ailleurs, poursuit son objet malgré toutes les influences contraires : c'est « une mélodie » à laquelle tout sert d'accompagnement, que tout contribue à accentuer et dont les sons s'épurent et s'enflent indéfiniment. Dans la vie morale, au contraire, toute qualité, toute force prédominante tend à détruire l'harmonie : il faut donc lui donner le contrepoids nécessaire en développant la force contraire. C'est ici que la belle pensée de Pascal sur les extrêmes trouverait sa place : « On ne montre pas sa grandeur pour être à une extrémité, mais bien en touchant les deux à la fois et remplissant tout l'entre-deux. » Il ajoute aussi : « Mais peut-être que ce n'est qu'un soudain mouvement de l'âme de l'un à l'autre de ces extrêmes, et qu'elle n'est jamais en effet qu'en un point, comme le tison de feu. » Nous croyons qu'une âme maîtresse d'elle-même manifeste tour à tour, selon les circonstances, les qualités les plus opposées, comme la force virile et l'exquise douceur ; et nous dirons même, avec La Rochefoucauld, que la douceur n'est parfaite que dans une âme ferme. La vertu est une, mais les formes en sont infiniment variées. La même force d'âme qui produit l'acte de courage, le sacrifice héroïque, maîtrise aussi les sentiments contraires à la mansuétude et à la charité. Nous ne dirons donc pas avec Jean-Paul qu'il faut corriger ou contenir une force prédominante par la force contraire. L'âme est une, et il s'agit de lui apprendre à se vaincre, à commander à la nature inférieure pour qu'elle se porte, « par un soudain mouvement, d'un extrême à l'autre ».

Jean-Paul, qui reconnaît dans l'homme intérieur deux antithèses, la force et l'amour, attribue à la religion le rôle d'établir entre elles l'harmonie. Il insiste d'autant plus sur la nécessité de « donner à l'enfant un cœur avec un sanctuaire », que nous formons nos enfants pour un avenir où la religion va s'affaiblissant. Nous ne croyons pas que le sentiment religieux puisse jamais s'éteindre, mais il n'a plus la même unité d'expression que dans les siècles de ferveur, où les croyances individuelles étaient fortifiées et soutenues par la foi et le zèle de la multitude des croyants. Il faut donc qu'elles aient en elles-mêmes assez de force et de profondeur pour résister à l'esprit du temps, et que la foi au monde invisible devienne une vie qui se confonde avec la moralité. Nous n'avons pas à examiner ici jusqu'à quel point il est vrai de dire que « le siècle essaie de couvrir la décadence du sentiment religieux par un sens moral plus rigoureux et plus ferme ». Peut-être la vie morale des individus trouve-t-elle, en effet, un plus ferme soutien dans la morale sociale, plus précise et plus élevée que dans les siècles où elle se confondait avec les dogmes religieux, dont l'interprétation est plus ou moins variable. Mais l'histoire morale de l'humanité se répète dans chaque être humain, qui subit des évolutions souvent bien douloureuses pour atteindre à un état moral plus parfait. Le moindre progrès ne s'effectue qu'au prix de bien des combats et des souffrances. On ne saurait trop armer l'enfant pour la lutte contre lui-même, dont la victoire est la transfiguration de l'homme naturel. Et quelle force pourrait égaler celle qui se trouve dans la contemplation des réalités éternelles, de la justice, de la vérité, de la bonté, de la beauté absolue ? Jean-Paul dit que « la piété, portée au plus haut degré, devient la moralité, et celle-ci produit la piété à son tour. » Nous croyons qu'il entend par piété la soumission parfaite de l'âme au divin maître qui l'a envoyée dans le monde pour y rendre hommage au principe supérieur qui est en

1.

elle. C'est à cette divine inspiration qu'obéissait Socrate et dans la pureté de sa vie et dans son suprême sacrifice au devoir. C'est elle aussi qui fait dire au Christ : « Ma nourriture est de faire la volonté de mon Père qui est au Ciel. » C'est elle encore qui dirige les âmes simples et droites, sincèrement attachées au bien, et qui les unit dans un même sentiment, plus fort et plus vivant que le dogmatisme sectaire des religions humaines. Il y a des hommes qui croient que l'on peut accomplir la loi morale, alors même qu'on n'a aucune religion ; il y a même des philosophes qui prétendent que la soumission à cette loi est d'autant plus parfaite qu'il ne s'y mêle aucun autre sentiment que celui de l'obligation morale. Mais il nous semble que la piété seule peut soumettre entièrement l'âme au devoir. C'est aussi l'opinion exprimée par Jean-Paul, dans ces paroles inspirées d'une âme croyante : « Ce qu'il fait et ce qu'il souffre n'est pas un sacrifice à Dieu, car il aime Dieu. Du ciel, la flamme descend sur l'autel et consume la bête, mais la flamme et le prêtre restent. La loi morale commande à ceux qui sont dépourvus d'amour, afin de les rendre meilleurs. Mais la contemplation de l'ami de l'âme, qui vivifie cette loi et la rend infinie, bannit non seulement la mauvaise pensée qui triomphe, mais aussi celle qui tente. Ainsi que l'aigle plane au-dessus de la plus haute cime, l'amour sincère s'élève au-dessus du devoir inaccessible. »

Jean-Paul se demande comment il faut introduire

l'enfant dans le monde nouveau de la religion ; et il montre la différence qui existe entre cette connaissance et celles d'un ordre inférieur qui, toutes, s'acquièrent par degrés. L'illumination religieuse paraît soudaine. L'auteur semble croire à une sorte d'innéité des idées métaphysiques ; car nous ne pouvons pas les faire comprendre par des signes sensibles, mais la parole les réveille. Nous ne croyons pas que cette révélation se fasse tout d'un coup chez l'enfant ; il nous semble qu'elle est graduelle et qu'elle correspond jusqu'à un certain point au degré de culture de la raison et de la conscience. Le réveil de l'idée de l'infini, de Dieu, de l'éternité, de la sainteté, peut être soudain, et il se manifeste souvent chez l'enfant par des réflexions d'une merveilleuse profondeur, que nulle éducation particulière n'a pu provoquer ; mais pour que l'idée acquière la force d'un sentiment capable d'influer sur la vie morale, il faut qu'elle soit cultivée avec soin par une âme qui entretient en elle-même le feu sacré et le transmet avec une parfaite humilité et un ardent amour. On est heureux de voir quel prix un éminent penseur attache à l'éducation religieuse. Il ne partage pas l'opinion de Rousseau, qui réserve la religion pour l'âge mûr ; comme si l'enfant n'était pas plus près des choses divines que l'homme fait, en qui les mille influences de la vie ont obscurci les idées innées. « C'est surtout à l'âge de l'innocence, dit-il, que les choses saintes s'enracinent. » Nous admirons sans réserve la sagesse et l'élévation de ses conseils sur l'éducation religieuse. Ce n'est point par la démonstration, c'est par le sentiment, par l'exemple du respect des choses saintes, par la contemplation des symboles de l'infini, que se transmet la religion. Ainsi Jean-Paul proscrit cette phraséologie religieuse qui aboutit à un vain formalisme, s'attachant à la lettre qui tue et négligeant l'esprit qui vivifie. Pour lui, « la religion c'est l'homme dans l'homme, chaque vie est un temple mobile de l'infini ». Il ne veut pas que le Dieu de l'enfance soit créé par la crainte. C'est par l'amour dont il voit en sa mère la plus touchante personnification, qu'il s'élève graduellement jusqu'à la conception d'un amour plus parfait que toutes les affections humaines, et qui inspire toutes les nobles actions accomplies par l'amour.

Dans l'éducation morale, Jean-Paul, fidèle à son idée des deux antithèses, indique d'une part les vertus qui constituent la force et la grandeur morale, de l'autre, celles qui ont pour principe l'amour et qu'il appelle la beauté morale. Selon lui, les premières ont plutôt pour objet le moi, les autres se rapportent plus au non-moi. Nous avons déjà dit notre pensée sur cette distinction, qui, dans l'esprit de Jean-Paul lui-même, n'a rien d'absolu, puisque, après l'avoir établie, il convient que « la vraie force morale produit l'amour, ainsi que l'arbre le plus vigoureux produit le fruit excellent ». Ce qui paraît indiquer une opposition, c'est que la force semble dominer à certains âges, dans la jeunesse des peuples et celle des individus, et l'amour à tels autres, à l'âge mûr, après que l'exubérance de la vie s'est dépensée et que les sentiments affectueux ont trouvé leur objet. Mais la perfection, c'est l'harmonie de la force et de la beauté ; et nous aimons mieux croire avec Pascal que, dans l'âme plus parfaite, « une agilité plus grande porte instantanément d'un extrême à l'autre ».

Quand on se demande s'il faut commencer par la culture de la force ou par celle de l'amour, on se convainc d'autant mieux qu'il n'y a pas en réalité deux antithèses et qu'il est impossible de diviser l'unité de l'âme. Il ne serait pas absolument vrai de dire que, dans l'enfance et la jeunesse, la force domine : il y a des natures énergiques qui semblent rebelles à des influences plus douces, d'autres en qui une certaine pudeur du sentiment le dérobe soigneusement à l'observation. Il y a aussi des natures sensibles et tendres qui semblent entièrement guidées par le sentiment. La même hygiène morale ne saurait donc convenir aux unes et aux autres : nous croyons qu'il est plus facile de contenir la force, quand elle est excessive, que de la communiquer quand elle manque. Et Jean-Paul se plaint de nos systèmes d'éducation qui tendent pour la plupart à affaiblir la force. Beaucoup d'éducateurs s'imaginent rendre un grand service à ceux dont ils s'efforcent de briser la volonté. Nous ne pensons pas qu'ils puissent effectuer ce résultat chez les fortes natures ; tout ce qu'ils peuvent faire, c'est d'obtenir parfois une apparente soumission dont ils triomphent, ou de produire de violentes réactions, plus funestes que les excès qu'ils se flattaient de contenir. Les vrais maîtres, qui entendent réellement le bien de leurs élèves, ne se piquent pas d'en obtenir une docilité factice d'un jour ; ils supportent avec indulgence les écarts d'une vigoureuse nature et attendent avec patience le moment où la raison peut faire valoir ses droits. Alors même que cette force vive se tourne contre eux, ils ne s'irritent ni ne se déconcertent, mais ils poursuivent leur œuvre avec sérénité, sachant bien que les années qui augmentent la lumière, diminuent la force, et que rien ne peut restituer à l'âme la puissance d'élan qu'une prudence excessive tend à lui enlever.

Nous croyons qu'il ne peut y avoir excès de force, mais que ce qui nous semble tel n'est qu'un déplacement de force qui produit une lacune sur un autre point. Le rôle du maître est donc de diriger et d'équilibrer les activités, afin que rien ne se perde, que rien ne gêne, mais que tout contribue à l'harmonie. La force morale n'est pas toujours en raison de la force physique : quelquefois même une âme intrépide peut habiter dans un corps frêle ; ce sont là des exceptions. L'expérience prouve que la santé et la vigueur du corps favorisent le développement de la force d'âme ; que la faiblesse physique est souvent une cause de faiblesse intellectuelle et morale ; que les enfants chétifs sont ordinairement timides et craintifs. Il faut donc, par des soins éclairés et vigilants, fortifier le corps afin que le libre jeu des organes facilite l'œuvre de l'âme. Plus l'âme sera libre et forte, plus elle réagira sur le corps pour le maintenir en santé, pour en régler toutes les activités. Un système de compression ne peut produire que des êtres affaiblis, sans ressort, soumis par la crainte, incapables d'agir avec vigueur dans les circonstances difficiles, dépourvus de courage pour lutter contre eux-mêmes et développer leur individualité. C'est à l'école des stoïciens que Jean-Paul veut former l'âme à cette inflexible vertu, que rien ne peut ébranler et qui supporte la douleur avec équanimité. Il propose même d'inventer des exercices ayant pour but de fortifier contre la souffrance. Mais la vie se charge de fournir à l'homme, et même à l'enfant, les occasions d'exercer son courage et sa patience. C'est de l'orgueil, que d'aller au-devant de la douleur : il suffit de la recevoir avec fermeté et de la souffrir sans défaillance. La force d'âme est d'autant plus admirable qu'elle est plus dépourvue d'ostentation et qu'elle agit avec plus de simplicité, comme si elle suivait naturellement sa voie. C'est vouloir se donner le change que de dire que la douleur n'est qu'un nom : puisqu'elle est une discipline indispensable à l'âme et qu'elle préside à la naissance et aux progrès du moi idéal, il serait absurde et contre nature de la nier et d'en diminuer les effets salutaires. La vertu calme et paisible des stoïciens, que Jean-Paul présente à notre admiration, nous attire et nous subjugue, surtout lorsque nous sentons sous cette inaltérable sérénité la flamme de la passion. Ils ne fermaient pas leur cœur aux douces et fortes émotions, ces sublimes stoïciens de Port-Royal dont l'âme brûlait d'amour pour le vrai et le bien, pour l'humanité, et surtout pour ces petits, au service desquels ils consumaient leur vie et immolaient leur haute intelligence. L'amour divin leur faisait trouver de saintes voluptés dans la souffrance et la persécution. La joie d'élever des âmes à Dieu leur communiquait un zèle inépuisable, une force invincible.

C'est encore de la puissance de l'exemple que Jean-Paul attend les plus grands miracles. Il veut que, par le pur sentiment de l'admiration, la vie des héros du passé et du présent se transmette à l'âme pour y réveiller et faire grandir l'idéal. Il ne craint pas que la vie réelle désenchante ceux que des exemples glorieux ont exaltés ainsi. Ce saint enthousiasme est un feu divin qui a le pouvoir de tout transfigurer, de répandre sa pure flamme sur toute la vie pour en consumer tout ce qui est vil, et purifier tout ce qui est grand. Ceux qu'il inspire se reconnaissent et s'unissent par la passion du bien qui les rend fermes et inébranlables dans le bien.

Jean-Paul appelle la véracité « la fleur même de la vie morale ». Les paroles que l'amour de la vérité lui a inspirées, nous semblent être l'écho affaibli de celles de Montaigne qui s'exprime ainsi : « Quant à cette nouvelle vertu de feinctise et dissimulation qui est à cette heure si fort en crédit, ie la hais capitalement ; et de touts les vices, ie n'en treuve aulcun qui tesmoigne tant de lascheté et bassesse de cœur. C'est une humeur couarde et servile de s'aller desguiser et cacher soubs un masque, et de n'oser se faire veoir tel qu'on est : par là nos hommes se dressent à la perfidie ; estants duicts à produire des paroles faulses, ils ne font pas conscience d'y manquer. Un cœur généreux ne doibt point desmentir ses pensées ; il se veult faire veoir jusques au dedans, tout y est bon, ou au moins, tout y est humain. Aristote estime office de magnanimité haïr et aimer à descouvert, juger, parler avecques toute franchise, et, au prix de la vérité, ne faire cas de l'approbation ou reprobation d'aultruy. Apollonius disait que « c'estait aux serfs de mentir, et aux libres de dire la vérité » ; c'est la première et fondamentale partie de la vertu ; il la fault aimer pour elle-même. Celuy qui dit vray, parce qu'il y est d'ailleurs obligé, et parce qu'il sert, et qui ne craint point à dire mensonge, quand il n'importe à personne, il n'est pas véritable suffisamment. Mon âme, de sa complexion, refuyt la menterie, et hait mesme à la penser : i'ay une interne vergongne et un remords picquant, si parfois elle m'échappe.

« C'est un vilain vice que le mentir, et qu'un ancien peinct bien honteusement, quand il dict que « c'est donner tesmoignage de mespriser Dieu, et quant et quant de craindre les hommes, » il n'est pas possible d'en représenter plus richement l'horreur, la vilité et le desreglement; car que peut-on imaginer plus vilain que d'estre couard à l'endroict des hommes et brave à l'endroict de Dieu? Notre intelligence se conduisant par la seule voye de la parole, celuy qui la faulse trahit la société publicque: c'est le seul util par le moyen duquel se communiquent nos volontez et nos pensées, c'est le truchement de nostre âme; s'il nous fault, nous ne nous tenons plus, nous ne nous entrecognoissons plus; s'il nous trompe, il rompt tout nostre commerce, et dissoult toutes les liaisons de nostre police. »

Nous n'avons pu résister au désir de rappeler ces paroles saisissantes de Montaigne, qui nous impressionnent plus que tout ce qui a été dit de plus éloquent sur le mensonge par les moralistes et les auteurs sacrés. Il n'y a rien qui donne aussi bien l'idée de la hauteur d'âme de Montaigne que cette page où il laisse éclater sa noble indignation contre « la menterie », son respect de la dignité humaine et de la parole humaine « ce truchement de nostre âme ». En la citant tout entière, nous ne craignons pas d'avoir donné une trop grande place à cette vertu fondamentale, la droiture, sans laquelle il n'y a point de grandeur morale. Jean-Paul l'appelle « la fleur de la force morale », et elle nous semble réunir comme en un faisceau indivisible toutes les vertus qui constituent la grandeur: l'honneur, la probité, la fermeté, le courage, le respect de soi, le dédain de l'opinion, la justice. L'analogie est frappante entre les pensées de Montaigne et celles de Jean-Paul; en la constatant, nous sentons redoubler notre sympathie pour cet éminent penseur, qui, sur ce point comme sur beaucoup d'autres, a rencontré le génie de Montaigne. Jean-Paul semble croire que notre siècle est inférieur au moyen âge par le manque de véracité. Montaigne, à son tour, nous parle de « cette nouvelle vertu de feinctise et dissimulation, *qui est à cette heure* si fort en crédit » ; ce qui nous prouve que tout observateur profond en vient à déplorer que tous les hommes ne soient ni assez courageux ni assez respectueux d'eux-mêmes pour aimer sincèrement la vérité. Nous ajoutons que toute conscience droite et délicate doit reconnaître par son expérience personnelle qu'il est difficile d'être toujours vrai et de vivre dans le monde sans y perdre plus ou moins de sa droiture. Combien il importe donc de fortifier l'âme, pour lui conserver le plus noble et le plus précieux de ses droits, celui de s'estimer et d'être respectée d'autrui, en restant inébranlable dans son amour de la vérité! Là encore les moyens les plus efficaces nous semblent être la liberté et l'exemple. La crainte engendre la servilité et l'hypocrisie; la liberté développe le sentiment de la responsabilité et, par conséquent, la force, le courage et la droiture. L'amour de la vérité est une sainte passion dont la flamme se communique. Que l'éducateur en soit animé, et elle se révélera dans tous ses actes, elle donnera à ses enseignements une irrésistible puissance, que rien ne saurait remplacer.

Jean-Paul analyse avec une remarquable finesse d'observation les mensonges des enfants, les diverses causes qui les produisent, et, par cette délicate psychologie, il nous rappelle les Jansénistes à qui l'amour sincère des âmes donnait une clairvoyance presque infaillible pour les deviner, en même temps qu'il leur inspirait les plus tendres ménagements dans l'art de les diriger. Il nous montre combien il serait injuste d'exiger de l'enfant la véracité, « qui n'est pas la première, mais la dernière vertu », et combien il serait dangereux aussi de le décourager par une sévérité excessive, quand la conscience n'est pas encore assez éveillée pour qu'il soit entièrement responsable. Puisque la véracité est le fruit de l'éducation, elle s'affermit et se perfectionne à mesure que la force morale se développe.

Jean-Paul a dit que cette force est la grandeur de l'âme, tandis que l'amour en est la beauté. Mais il nous semble que la beauté est aussi bien dans la force morale que la grandeur est dans l'amour, et que l'une ne saurait exister sans l'autre. La force ne tournerait qu'au profit de l'orgueil, si elle ne s'appliquait à surmonter l'égoïsme pour se répandre sur d'autres objets que le moi. Jean-Paul croit que l'amour vit déjà dans l'enfant à l'état d'instinct, et que tout le rôle de l'éducation est de le contenir ou de le développer.

Nous ne pensons pas que la sensibilité morale soit assez vive chez l'enfant pour avoir besoin d'être contenue ; nous nous demandons même si l'enfant est capable de ressentir d'autres joies et d'autres souffrances que les siennes. Il est égoïste sans vergogne, parce qu'il ne connaît encore que son moi, qu'il commence à peine à comprendre, et sa faiblesse ; sa dépendance, les soins continuels dont il est l'objet contribuent à fortifier cet égoïsme qui, chez lui, n'a rien de rebutant, puisqu'il est inconscient et irresponsable. L'amour et le dévouement de sa mère n'ont pas le pouvoir de le faire sortir de lui-même ; il en jouit, ainsi que l'homme jouit de la lumière et de la chaleur. Mais à mesure que la raison s'éveille, il faut essayer de lui faire comprendre la vie en dehors de lui ; et c'est dans les enfants de son âge qu'il la conçoit le plus facilement. Les témoignages de tendresse ne coûtent rien à l'enfant : il répond presque instinctivement aux caresses et aux sourires. Mais ce n'est pas la vraie sensibilité, et souvent les trop indulgents parents confondent ces faciles démonstrations avec la sensibilité active qu'ils négligent de développer. C'est ainsi que l'enfant s'endurcit dans son égoïsme, et s'habitue à se payer de paroles qui ne sont suivies d'aucun acte. Il n'y a qu'un moyen de fondre cet égoïsme, c'est celui qu'indique Jean-Paul, savoir, « de lui faire connaître l'amour par ses propres actes, de lui donner l'occasion de faire quelque chose pour les autres, afin qu'il aime ; car chez lui l'acte fait naître le penchant ». Une fois que son cœur s'est ouvert à la joie de donner, il veut la ressentir encore, et il s'impose des sacrifices pour faire plaisir à ceux qu'il aime. Il s'initie par degrés à la bonté et au dévouement ; et, par ces actes qu'il accomplit librement, il arrive à mieux comprendre l'amour dévoué dont il est l'objet. Alors l'exemple commence à agir sur lui pour l'aider à persévérer dans le bien que l'habitude lui rend facile, et il trouve dans chaque nouvel acte de bonté une plus forte impulsion à une bonté plus parfaite. Plus son cœur se donne, plus il s'agrandit et veut se donner. Dans la famille, il fait l'apprentissage de toutes les vertus dont l'amour est la source, pour les pratiquer pendant tout le cours de sa vie dans le monde où il est appelé à vivre. Sous l'empire d'une grande idée, que ce soit la religion, la patrie ou l'humanité, l'homme devient capable des plus héroïques sacrifices. Ainsi il réalise l'idéal parfait par l'abnégation qui est l'harmonie de la force et de l'amour, la couronne divine de l'humanité.

Jean-Paul n'hésite pas à dire que l'éducation commence avec le premier souffle. Nul ne sait à quel moment le *moi* prélude à son réveil : tout est mystérieux dans ces petits êtres, en qui la vie animale semble tout absorber ; et il faut la tendresse attentive des parents pour discerner en eux les premières lueurs de l'intelligence. Le désir impatient de les voir paraître fait souvent que l'imagination en devance le moment ; mais les illusions maternelles ne sont peut-être pas inutiles pour hâter « la théogonie de l'esprit ». Et quels merveilleux progrès s'accomplissent en ce nouvel arrivé dans le monde, pendant la première période de son existence! Ces progrès sont si rapides, que l'on dirait qu'il se ressouvient plutôt qu'il n'apprend. Jusqu'à quel point les parents coopèrent-ils à cette création spirituelle? Jean-Paul est peu affirmatif sur cette question. « Dans ce crépuscule, dit-il en parlant des trois premières années, qu'on laisse croître la lumière sans essayer de l'allumer soi-même. » Mais qu'on fasse l'éducation des organes destinés à percevoir et à réfléchir la lumière; et qu'on place l'enfant dans une pure atmosphère morale, afin qu'il y respire des principes de vie. « Tout ce qui est premier, dit Jean-Paul, reste éternellement dans l'enfant »; et cette seule parole suffit à faire sentir aux premiers éducateurs leur immense responsabilité. Il n'est pas rare de voir des enfants se développer dans un sens tout opposé à celui du milieu; mais nul ne peut dire ce qui subsiste, malgré cela, de la première influence, et jusqu'à quel point les pensées et les sentiments des parents se transmettent aux enfants.

Ce que Jean-Paul réclame avec le plus d'instance pour les jeunes enfants, c'est la *chaleur*, c'est-à-dire la *gaieté*, nous voudrions dire l'*hilarité*, si ce mot rendait exactement l'idée de sérénité, lumière et beauté, renfermée dans le mot latin *hilaritas*. La gaieté, c'est le rayonnement de la santé, le doux reflet d'une âme qui est en paix avec elle-même et qui a besoin de répandre au dehors sa joie intime. Nous voulons la gaieté pour l'adulte, aussi bien que pour l'enfant, car nous la regardons comme l'attribut de l'être libre, qui ne peut s'épanouir et se perfectionner que sous la pure lumière de la joie. Nous demandons à l'éducateur de la faire régner autour de lui et de l'entretenir par la liberté, la confiance et l'amour. L'air froid, contraint ou solennel du maître éloigne l'enfant et refoule la joie, sans laquelle l'activité n'est point parfaite. De plus, il fait naître la tristesse, dont le souffle glacial détruit tous les germes de vie. Que l'éducateur ne confonde pas la gravité avec l'ennui, le respect avec la crainte, la gaieté avec la dissipation. Qu'il laisse toujours de la place à la joie dont il pourra réprimer l'excès par une douce fermeté !

C'est l'activité qui produit et conserve la gaieté, et l'activité de l'enfance se manifeste surtout dans le jeu, que Jean-Paul appelle « la première poésie de l'homme », se rapprochant ainsi de Schiller pour qui l'art est un jeu, c'est-à-dire l'activité désintéressée qui invente, crée et combine. Tout a été dit sur le jeu, sur le plaisir que trouve l'enfant dans cet exercice de sa liberté personnelle et sur le rôle important que remplit le jeu dans le développement du *moi*, puisqu'il met en œuvre toutes les facultés et qu'il initie l'enfant à la pratique des vertus sociales. Vu la signification que Jean-Paul donne au mot *jeu*, nous ne pouvons nous étonner qu'il considère comme un jeu la danse, « cette poésie du corps qui développe également tous les muscles », et la musique qui est « la mesure de ce mouvement poétique, une danse invisible, comme la danse est une musique muette ». Nous n'avons pas à parler ici de la puissante influence de la musique pour concilier les éléments opposés du caractère, et pour ouvrir l'âme à tous les sentiments affectueux, à toutes les nobles passions.

Tout ce qui entrave l'activité altère la gaieté ; aussi le grand art de l'éducation est-il « de ne pas trop gouverner ». Il y a des éducateurs très bien intentionnés qui se figurent que ce serait se désintéresser de leur œuvre que de ne pas faire sentir en toute occasion leur autorité, et d'observer quelquefois en silence l'activité des enfants sans l'aider par leur intervention. Aussi les enfants timides n'osent-ils faire un pas sans interroger le regard du maître qui prétend diriger tous leurs mouvements, et, de peur de contrevenir à quelque règlement, ils suspendent leur action. Les enfants vifs, au contraire, supportent avec impatience les restrictions que leur activité rencontre de tous côtés, dans la multiplicité des ordres et des défenses ; et la force qui est comprimée au dehors se porte au-dedans et produit l'irritation, le mécontentement et la révolte. Jean-Paul conseille donc au maître de défendre le moins possible, « de ne pas commander là où nul motif supérieur ne le lui commande à lui-même » ; et, quand l'ordre est nécessaire, de le donner sans détour, avec précision et avec fermeté, comme une règle immuable et inflexible. Ce qu'il dit de l'obéissance nous montre une fois de plus l'esprit élevé de sa pédagogie : « L'obéissance des enfants, à part le motif qui l'inspire, n'a d'autre valeur que de faciliter la tâche des parents. Envisageriez-vous comme un indice favorable du perfectionnement de l'âme la disposition de l'enfant à plier sa volonté à celle de tous les hommes? Quel être souple et flexible vous feriez de lui pour tourner sur la roue de la fortune! Mais ce que vous vous proposez d'obtenir, ce n'est pas son obéissance, c'est sa disposition à obéir, son amour, sa confiance, sa force de renoncement, son respect pour ce qu'il y a de meilleur ». Partout et toujours, le maître doit s'oublier pour le plus grand bien de ses élèves, résister à la vanité puérile d'exercer son pouvoir pour l'unique fin de se glorifier d'une docilité extérieure qui n'est souvent que de la dissimulation, et mettre à la place d'une autorité faillible et arbitraire l'autorité parfaite de la loi morale à laquelle il doit être le premier à se soumettre. Plus le maître s'efface pour laisser parler ce maître suprême, plus il rencontre de disposition à obéir et de respect pour sa volonté. Mais qu'il se garde de s'attribuer le mérite de cette libre soumission qui est le principe de la vie morale, car il ne l'a obtenue qu'au nom du devoir, dont il est, aux yeux de ses élèves, la vivante personnification. Toute sa force est dans l'amour désintéressé du bien. L'ambition personnelle, le désir immodéré du succès et l'impatience de produire des résultats visibles, tous ces sentiments mesquins sont autant de causes d'affaiblissement pour le maître, dont ils rapetissent l'œuvre. C'est à lui surtout qu'il faudrait dire toujours : « *Sursum corda !* » Mais qu'il se le dise sans cesse à lui-même ! Qu'il ne laisse ni s'éteindre, ni languir la flamme divine qui consume en lui tout ce qui détruit l'harmonie de l'âme !

Est-il besoin de parler de moyens de répression, là où la liberté et la confiance font aimer la loi ? S'il n'y a point là de rebelles, il y a peut-être des paresseux qui cherchent des faux-fuyants pour excuser leur lâcheté ; des esprits tardifs à comprendre, en qui le sentiment de la responsabilité se développe trop lentement pour qu'il ne se produise pas quelques abus de la liberté ; des natures exubérantes, disposées à faire prévaloir leur absorbante personnalité aux dépens de celle d'autrui. Le maître qui s'est effacé dans le commandement s'efface de même dans la punition. Inaccessible à la colère qui veut se venger, il ne fera sentir dans la réprimande et le châtiment que la tristesse de la faute commise, le désir d'aider le coupable à se relever, et le devoir de faire respecter la loi morale. Les occasions de punir sont de plus en plus rares là où le souffle de la liberté soulève et fortifie les âmes ; où la douce persuasion de l'amour subjugue les cœurs pour les assujettir au devoir. Les conseils de Jean-Paul sur les punitions sont inspirés par une judicieuse tendresse pour les enfants. De l'application pratique, il s'élève jusqu'aux principes, et nous étonne par la hauteur de ses vues, autant qu'il nous touche par sa délicate sollicitude pour les faibles et les petits. Nous devinons en lui une âme qui unit l'amour à la force ; et nous sommes remplis de confiance pour un maître qui respecte sincèrement la nature humaine dans l'enfance. Puisse ce saint respect inspirer tous ceux qui s'occupent de l'éducation, et il les guidera dans l'art d'élever les âmes dont le sentiment de la dignité est la première vertu!

L'enfant, qui a la clairvoyance des cœurs simples, sent qui l'aime et qui le respecte ; et la foi candide, qui, chez lui, est spontanée, il la donne de tout son cœur au maître qui sait la mériter. Jean-Paul essaie de nous faire sentir par d'éloquentes paroles quel est, dans le domaine moral et particulièrement dans celui de l'éducation, le rôle de la foi, sur laquelle se fonde presque toute la science humaine : « Dans le domaine scientifique, dit-il, on te croit ; dans le domaine moral, on croit en toi. » Et plus loin : « Que la foi de l'enfant vous soit sacrée, car sans elle aucune éducation n'est possible. N'oubliez pas que le petit enfant ignorant regarde à vous comme à un haut génie, un apôtre plein de révélations, et que le mensonge d'un apôtre ruine tout un monde moral... Gardez-vous de fonder la religion et la morale sur des preuves ; c'est la multitude des piliers qui obscurcit et rétrécit les églises. Que ce qu'il y a de saint en vous s'adresse à ce qui est saint dans l'enfant. La foi, cette introduction à la morale, cette lettre de noblesse que l'humanité a rapportée du ciel, ouvre le tendre cœur de l'enfant au grand cœur de l'homme. Blesser cette foi, c'est bannir comme Calvin la musique du culte, car la foi c'est l'écho des régions célestes. »

Le fragment de Jean-Paul sur les femmes renferme une foule d'observations fines, de pensées justes et profondes, dont quelques-unes cependant nous semblent contestables. C'est une idée ingénieuse et pleine d'originalité d'avoir mis la critique de l'éducation donnée par les femmes dans la bouche même d'une femme, sous la forme d'une confession de ses propres transgressions pédagogiques. La première faute qu'elle se reproche, c'est « de n'avoir jamais observé un principe plus de quelques heures ». Déjà l'inconsistance des systèmes d'éducation des deux sexes a été signalée par Jean-Paul lui-même, dans le deuxième fragment. « Le père, dit-il, se dissimule, sous la variabilité de ses principes, le manque de consistance et d'unité de son système. Quant à la mère, elle ne ressemble ni au père, ni même à cet arlequin qui vient sur la scène avec un paquet d'ordres sous un bras, et de contr'ordres sous l'autre. La mère serait plutôt semblable au géant Briarée, à cent bras, dont chacun porte un commandement. » Les éducateurs des deux sexes ne se distingueraient donc que par plus ou moins de variabilité; et l'on pourrait reprocher à tous, sinon l'absence de but, du moins le manque d'unité dans le choix des moyens et de persévérance dans l'application. Faut-il ne voir là qu'une preuve de plus de la légèreté et de l'inconstance humaine, ou bien encore l'impossibilité d'établir un système fixe, parce que les enfants déjouent sans cesse, par des actes inattendus et des tendances imprévues, les plus sages combinaisons et les plans les mieux arrêtés? Est-il interdit à l'homme de remédier par le changement, qui souvent est le progrès, aux effets de son ignorance, de sa faiblesse et de sa courte vue? Nous laissons à de plus autorisés le soin de répondre à cette question, et nous nous bornons à dire que l'esprit systématique, avec ses cadres immuables, ne nous semble pas porter moins de préjudice aux enfants que le manque d'unité.

La pénitente pédagogique s'accuse aussi d'accorder les grâces ou de les refuser selon le caprice ou l'émotion du moment; de ne pas veiller à l'observation de ses commandements; de faire briller ses enfants par des avantages extérieurs dont elle tire vanité; de se décharger de sa responsabilité sur des mercenaires à qui elle ferait un crime de ne pas remplir leur devoir; d'importuner ses enfants par sa tendresse excessive; d'exiger d'eux trop de démonstrations et de leur nuire par ses violences. Nous n'avons pas l'intention d'examiner jusqu'à quel point cette confession, qui paraît sincère, compromet tout un sexe et peut-être même l'autre. Pour que l'éducation fût parfaite, il faudrait qu'elle fût confiée à des êtres parfaits; et c'est peut-être chez les éducateurs que les lacunes et les imperfections se font le plus sentir.

Leur œuvre est un miroir qui réfléchit fidèlement leur être. Il faut donc toujours insister sur la nécessité de se perfectionner soi-même pour travailler au perfectionnement des autres.

Jean-Paul dit que l'éducation, pendant les dix premières années, est entre les mains de la mère, la profession du père lui laissant peu de loisir. Il ajoute que cette éducation n'est parfaite que par l'union de la fermeté virile et de la douceur féminine. Puisque c'est la mère qui est appelée à la donner, il faut qu'elle soit à la fois douce et forte, qu'elle aspire par cette heureuse harmonie à la perfection de l'âme. Mais il nous semble que la femme telle que la conçoit Jean-Paul, et dans sa nature et dans son éducation, ne peut avoir toutes les aptitudes et les qualités de sa vocation. « Ainsi que les enfants, la femme est plus sensation que réflexion, » dit-il. Nous pensons que cette sensibilité excessive est le fruit d'une culture incomplète qui surexcite certaines facultés aux dépens des autres ; et nous sommes convaincue de la possibilité de remédier à cet excès par le développement simultané de toutes les facultés. Il ne nous paraît pas juste de conclure à l'infériorité de la femme, quant au pouvoir créateur, avant que de l'avoir placée dans des conditions égales à celles de l'homme, car, de tout temps, on a fourni à l'homme les moyens de cultiver ses aptitudes naturelles, tandis que ces moyens ont été toujours plus ou moins refusés à la femme, à qui, d'ailleurs, sa vocation d'épouse et de mère permet rarement de se consacrer à une profession. N'est-ce pas diminuer le rôle de la femme que de dire « qu'elle n'est qu'indirectement épouse » ? N'est-ce pas abaisser en même temps l'homme, et tomber dans l'erreur de la plupart des législateurs anciens qui ne regardaient le mariage que comme un moyen de perpétuer l'humanité ? Le mariage, « l'union de deux vies », comme l'appelaient les Romains, n'est-il pas à lui-même sa fin ? L'homme craint-il de se diminuer en s'appuyant sur la femme, dont la tendresse clairvoyante, dévouée, fidèle, est tour à tour celle de la mère, de la fille et de l'amie ? Il multiplie sa force par son union parfaite avec cet aide « que Dieu a fait semblable à l'homme », et qui l'inspire, le soutient, le console. Plus l'homme est parfait, plus il respecte la femme et rend hommage à son influence.

Jean-Paul, après avoir dit que la nature a destiné la femme à être mère, rappelle « qu'avant d'être mère, et après l'être devenue, elle est un être humain, et que la destinée maternelle ne doit pas prédominer sur la destinée humaine, ni la remplacer, qu'elle doit en être le moyen, non la fin ». Mais, tout en reconnaissant que la femme est un être humain, il l'abaisse en prétendant que « sa moralité est la coutume non le principe ». S'il en était ainsi, elle n'aurait qu'une individualité incomplète, et sa conscience morale serait inférieure ; ses mœurs seraient moins les siennes que celles de son milieu, elles changeraient avec les coutumes et le milieu. L'expérience a prouvé, au contraire, que le sens moral de la femme est souvent plus exigeant et plus délicat que celui de l'homme. Moins mêlée à la vie du dehors, elle subit moins d'influences diverses, et elle juge d'une manière plus absolue les hommes et les choses, d'après le criterium qui est en elle. Nous ne devons pas nous étonner qu'après avoir diminué la conscience morale de la femme, Jean-Paul prétende que sa volonté a moins besoin d'être fortifiée que ployée et adoucie. Il se plaint qu'elle soit poussée par ses passions, extrême en tout; qu'elle agisse par sentiment et par caprice; il lui attribue la tâche d'éducatrice, et il ne reconnaît pas la nécessité de lui donner une volonté ferme, capable de la rendre maîtresse d'elle-même, de résister à son imagination et de dominer ses sentiments pour elle-même et pour ceux qu'elle dirige. Il nous semble aussi que Jean-Paul confond la violence avec la force de volonté; mais la violence n'est qu'une faiblesse chez la femme aussi bien que chez l'homme, car elle est l'indice d'une âme qui ne se possède pas. Il dit que plus l'homme est fort plus il est doux. Cette règle ne s'applique-t-elle pas aussi à la femme? Il n'y a pas deux morales. L'âme n'a point de sexe. Nous admettons, avec Jean-Paul, « que la violence peut exister avec toute la plénitude d'un noble cœur, mais non avec une douceur, une charité prédominante. Cette douceur serait peut-être la qualité négative, tant vantée par Rousseau; ce ne serait pas à coup sûr la vraie douceur qui, selon nous, est la plénitude de la force. Puisque la femme a la vocation d'élever les enfants, il faut qu'elle sache se gouverner elle-même selon la raison et la conscience. Ni l'éducation, ni l'instruction que conseille Jean-Paul ne me paraît assez forte pour former une éducatrice. Dans les sciences, il ne semble pas même lui accorder des « clartés de tout » ; et il bannit de son enseignement la philosophie, parce que, dit-il « aucune femme ne saurait comprendre Kant en allemand ». Ceci serait peut-être plutôt la critique de l'allemand, sinon de Kant, car il y a des femmes qui comprennent parfaitement « l'impératif catégorique » en français, et qui vont même jusqu'à défendre la doctrine du devoir dépourvu de l'inspiration du sentiment. Montaigne, plus large que Jean-Paul, croit que les vérités philosophiques sont accessibles à l'esprit de l'enfant, beaucoup plus que tout ce qu'on lui enseigne : « On a grand tort, dit-il, de peindre la philosophie inaccessible aux enfants, et d'un visage renfrogné, sourcilleux et terrible : qui me l'a masquée de ce faulx visage, pasle et hideux ? » Malgré les lacunes et l'esprit superficiel de l'instruction féminine, selon Jean-Paul, nous sommes heureux de constater qu'il a meilleure opinion de l'intelligence de la femme que Rousseau, bien qu'il se rapproche de celui-ci par ses idées sur l'être moral de la femme.

La biographie impartiale et vraie de la femme est encore à faire. Tous ceux qui s'y sont essayés l'ont trop exaltée ou trop abaissée. Quelques-uns l'ont comblée de louanges et même de flatteries qui dissimulent mal la condescendance qu'on se plaît à témoigner à un être inférieur. Nous croyons que le moment est venu de la juger avec plus d'équité, puisque l'on commence à lui permettre de cultiver et de fortifier son esprit par une instruction sérieuse. Cette instruction serait payée trop cher, si la femme, en acquérant plus de fermeté d'esprit et de force morale, perdait quelque chose de sa réserve, de sa simplicité, de sa modestie. Nous ne le craignons pas ; car une culture plus parfaite ne peut lui donner qu'un sentiment plus parfait de l'idéal et une volonté mieux éclairée, plus ferme et plus constante pour réaliser en elle l'harmonie de la douceur et de la force.

Veuve Jules FAVRE, née VELTEN.

Sèvres, le 15 novembre 1885.

JEAN-PAUL

SUR L'ÉDUCATION

PREMIER FRAGMENT

IMPORTANCE DE L'ÉDUCATION. — DISCOURS CONTRE SON INFLUENCE. — DISCOURS POUR SON INFLUENCE.

Lorsque Antipater exigea des Spartiates cinquante enfants en otage, ils lui offrirent cent hommes éminents. La pensée des Spartiates était juste et grande. Dans l'enfance, nous voyons devant nous toute la postérité que nous contemplons, comme Moïse, sans pouvoir y entrer; nous y revoyons aussi le monde primitif qui a précédé notre apparition, car l'enfant de la capitale la plus raffinée est un indigène d'Otaïti, le sans-culotte d'un an est un homme primitif, et les derniers enfants de la terre viennent au monde avec le paradis des premiers parents. Ainsi, d'après Bruyn, les enfants des Samoyèdes sont beaux, et les parents seuls sont laids. S'il y avait un parfait art de l'éducation, si les éducateurs étaient d'accord avec eux-mêmes et entre eux, nous pourrions disposer bien mieux de l'avenir, puisque chaque nouvelle génération recommence l'histoire de l'humanité. Car les autres moyens par lesquels nous pouvons agir sur le monde, nos actions et nos livres, rencontrent un terrain aussi dur que nous-mêmes, tandis que le sol de l'éducation est malléable et pur, et nous y semons des plantes vénéneuses ou salutaires. Ainsi que les dieux descendaient vers les premiers hommes, nous descendons vers ces petits êtres qui nous regardent comme des géants, et nous les rendons grands ou petits. C'est une grande et touchante image que celle qui nous représente les esprits d'élite de la génération future venant s'abreuver du lait de la génération présente, et l'éducation actuelle dirigeant les futurs soleils ainsi que de petites planètes. Mais on frémit aussi de penser qu'on élève peut-être un démon de l'humanité ou qu'on détruit un ange de lumière, et qu'on est impuissant à prévoir le moment où l'enchanteur qui s'est transformé en petit enfant pour s'ébattre sous nos yeux va se redresser tout à coup pour agir en géant.

Vous ne pouvez briser ni diriger la force du génie (plus la mer est profonde, plus son rivage est escarpé) ; mais dans les dix premières années de la vie, au réveil de tous les sentiments, vous pouvez entourer et contenir cette force intense, par toutes les tendres habitudes du cœur, par tous les liens de l'affection.

Que l'enfant vous soit plus sacré que le présent qui ne se compose que de choses et d'adultes.

Par l'éducation morale, vous lui donnez un ciel, avec une étoile polaire qui le guidera dans toutes les régions nouvelles qu'il est appelé à parcourir.

Un enfant accompli serait une aurore céleste de l'âme, au moins ce phénomène pourrait-il se produire dans des conditions moins difficiles qu'un homme accompli. Tout contribue à former celui-ci, l'État autant que lui-même. Mais sur l'enfant neuf, les parents exercent avec une autorité sans limites le pouvoir législatif de Lycurgue et de Moïse, pour l'isoler de toute autre influence, plus que ne l'a fait l'État spartiate ou juif.

Cette monarchie absolue des parents devrait donc effectuer davantage. Les enfants vivent dans cet empire héréditaire sans loi salique, et sous un si grand nombre de législateurs et de lois qu'il y a même parfois plus de gouvernants que de sujets. Ils se brisent partout contre des ordres formels, des lois de lèse-majesté et des *mandata sine clausula,* sans parler des verges qui les menacent sans cesse. Le prince régnant est leur pourvoyeur, il est aussi leur pédagogue et le dispensateur de leurs plaisirs. Contre lui, ils ne sont protégés par aucune puissance étrangère, car si l'on punit (dans quelques pays) les cruautés envers les esclaves et les animaux (en Angleterre), les sévices contre les enfants ne sont punis nulle part. En l'absence de parti de l'opposition, de journal anti-ministériel, et de représentants, on pourrait croire que les enfants devraient sortir de ce petit état bien plus cultivés que de la meilleure institution, et de l'État lui-même.

§ 1er. — Inefficacité de la pédagogie.

(DISCOURS D'UN MAITRE AU MOMENT D'ENTRER EN FONCTIONS.)

Chers maîtres des classes inférieures et chers collaborateurs, j'exprime, selon mon pouvoir, ma satisfaction d'entrer dans notre institution en y prenant possession de mon honorable poste, avec la persuasion que l'éducation scolaire, ainsi que l'éducation domestique, ne produit pas d'effets, soit mauvais soit bons. Si j'ai le bonheur de vous convaincre tous de cette inefficacité, je contribuerai peut-être à vous faire remplir nos difficiles fonctions aisément et de bon cœur, sans vanité, avec une confiance qui ne craint rien, soit que nous marchions derrière nos élèves, soit que nous occupions la chaire si pleine de soucis, ou que nous laissions les choses suivre leur cours.

D'abord, je dois dire qui élève et qui forme, car tout en nous et autour de nous est formé d'une manière ou d'une autre ; ensuite nous en viendrons tout naturellement à nous-mêmes, et j'indiquerai la transition.

§ 2.

D'où vient qu'aucun siècle n'ait autant parlé de pédagogie que le nôtre, et, entre toutes les nations, aucune autant que l'Allemagne, qui a recueilli la semence ailée de Rousseau, emportée par le vent en France ? Les anciens s'en occupaient peu ; leurs écoles étaient plutôt destinées aux adultes qu'aux enfants, et à Athènes les auditeurs qui fréquentaient les écoles de philosophie étaient souvent aussi âgés que leurs maîtres. Sparte était une Stoa ou une école de garnison pour les parents aussi bien que pour les enfants. Les Romains prenaient pour instituteurs des esclaves grecs, sans que leurs enfants devinssent ni grecs ni esclaves. Dans les temps où les hauts faits de la chrétienté, de la chevalerie et de la liberté ont brillé comme d'éclatantes étoiles au sombre horizon de l'Europe, les maisons d'école étaient rares, mornes, étroites. Et les Anglais, qui jouissent de l'indépendance politique et dont l'île est une école de civisme, ont-ils aujourd'hui autre chose que des établissements d'éducation qui déforment ? Où les enfants ressemblent-ils plus aux parents (et le maître ne peut prétendre à faire de son élève quelque chose de plus qu'un miroir plan, convexe ou concave), où, dis-je, les enfants ressemblent-ils plus aux parents que là précisément où les éducateurs sont silencieux, chez les sauvages, les Groënlandais et les Quakers ? Plus on remonte le cours du temps, moins on trouve de livres d'éducation et de cyropédies ; plus l'homme était absorbé par l'État, moins la femme, qui aurait pu être éducatrice, était exercée à ces fonctions :

pourtant chaque enfant était l'image de ses parents, et les meilleurs parents ne seraient pas en droit d'en exiger davantage, puisque Dieu lui-même est réduit à voir son image défigurée dans les hommes. Nos meilleures institutions actuelles ne sont-elles pas une preuve que des plus mauvaises on est libre de s'élever aux plus parfaites?

§ 3.

Quels sont donc les éducateurs des peuples et des âges? — Les peuples et les âges! — Le dépôt des courtes années d'éducation où un seul individu parle et ne dit que des mots, est bientôt submergé par le temps vivant qui, pendant vingt ou trente ans, agit sur l'homme par d'immenses flots d'hommes, d'actions et d'opinions. Le siècle est le climat moral de l'homme; l'éducation est la serre chaude d'où il passe au dehors. Et par siècle j'entends le siècle réel, qui peut aussi bien comprendre dix ou mille ans, ayant, ainsi que l'ère religieuse, pour point de départ la vie d'un grand homme.

Que peuvent des paroles isolées contre nos actions vivantes, actuelles? Le présent a de nouvelles paroles pour les actes nouveaux; l'éducateur n'a que des langues mortes pour ses modèles sans vie.

L'éducateur a été lui-même élevé et saisi, à son insu, par l'esprit du siècle qu'il prétend bannir de la jeunesse. Mais malheureusement chacun s'imagine qu'il est placé directement au zénith de l'univers, que, selon ses calculs, des soleils et des races culminent au-dessus de sa tête et qu'il ne projette, comme les habitants des régions équatoriales, d'autre ombre que celle qui est au-dedans de lui. S'il n'en était pas ainsi, comment tant d'hommes parleraient-ils de l'esprit du siècle, chaque parole devant faire supposer qu'on soit affranchi de cet esprit, comme on ne sent le flux et le reflux de la mer que sur ses bords. De même un sauvage ne se représentera pas aussi clairement un sauvage que ne le fera un homme civilisé. Mais, en vérité, ceux qui décrivent l'esprit du temps peignent plutôt l'esprit du temps précédent. Si le grand homme, le poète, le penseur ne peut se croire assez transparent pour que le flambeau de cristal et la lumière soient un, comment d'autres hommes le pourraient-ils? La plus brillante fleur qui s'élève vers le ciel n'en tient pas moins par sa racine au sol ténébreux et dur.

§ 4.

L'esprit des nations et des siècles est décisif, et il est à la fois l'instituteur et l'école ; car il saisit de ses puissantes mains le disciple pour le former par une action vivante d'une parfaite unité. Si l'éducation doit être, comme le testament, un acte continu auquel toute immixtion enlève sa vertu, rien n'édifie aussi solidement que le présent qui ne s'interrompt pas un instant, qui se répète sans cesse et qui nous saisit et nous pénètre par les mille influences de la douleur, de la joie, de la politique, des livres, des amis et des ennemis. Aucun instituteur du peuple ne reste si bien égal à lui-même que le peuple qui enseigne. Les esprits, en masse, perdent de leur libre mouvement (que les corps semblent au contraire gagner par la masse), et ne se meuvent qu'en pesants colosses dans des voies tracées et couvertes de fer. Bien que les mariages, les haines et les meurtres soient soumis chez les individus à la loi de la liberté, on peut établir cependant pour tout un peuple la statistique des naissances et des décès et prouver (d'après Mme de Staël) que dans le canton de Berne le nombre des divorces est toujours constant, comme celui des assassinats en Italie. Le petit homme n'est-il pas pour ainsi dire porté comme sur une terre volante dans ce monde vivant qui agit toujours également et dans lequel les directions de l'éducateur sont impuissantes en ce qu'il reçoit lui-même l'impulsion à son insu? Les peuples font donc leurs propres semailles, en dépit de tous les réformateurs et de tous les pédagogues ; et l'esprit se maintient sans varier dans les centres qui attirent les livres, les maîtres et les parents.

La répétition est la mère, non seulement de l'étude, mais aussi de la culture. Comme les peintres à fresque, l'éducateur donne à la chaux humide des couleurs qui se ternissent sans cesse, et qu'il renouvelle jusqu'à ce qu'elles demeurent vives et durables.

§ 5.

L'autre force victorieuse, c'est l'action vivante. « Ce n'est pas le cri, mais l'essor d'un canard sauvage, qui entraîne dans les airs toute la bande, » a dit un auteur chinois. Une guerre soutenue contre un Xerxès fait battre le cœur de sentiments plus forts et plus vrais, que les récits de Cornélius Népos, de Plutarque ou d'Hérodote ; car ces récits et toute la phraséologie de l'école ne sont que des reproductions semblables à ces ouvrages phelloplastiques qui reproduisent les chefs-d'œuvre de l'architecture antique. Même les nobles figures que fait revivre Plutarque font pénétrer la parole divine plus profondément dans les cœurs que des milliers de volumes d'éloquence de la chaire. Si l'on pouvait convertir les paroles en actes, ne serait-ce qu'en réduisant mille paroles en un seul acte, une seule passion pourrait-elle faire éruption sur une terre remplie de chaires et de bibliothèques d'où pleuvent sans cesse les exhortations les plus pures et les plus sages ? Il n'y aurait plus dans l'histoire que des volcans couverts de neige et des glaciers. Honorables pédagogues, si toutes les prédications des bibliothèques ne peuvent faire de vous des saints, au moins pendant un mois ou même une semaine de l'année, que pouvez-vous attendre du petit nombre de volumes que formeraient vos paroles ? Et que peuvent espérer les parents de l'éducation domestique ?

Hélas ! l'impuissance pédagogique des paroles ne se fait que trop sentir chaque jour dans ce qui nous concerne. Chaque moi renferme en effet un précepteur et un élève, où il se divise en chaire et en bancs d'école. Croyez-vous donc que cet éternel pédagogue qui n'interrompt jamais ni *conversatorium* ni *repetitorium*, qui accompagne partout de ses préceptes son élève bien-aimé, croyez-vous qu'un si rare Mentor, qui prêche sans cesse, puisse épargner à son Télémaque une seule des transformations animales que la chaste Minerve a dû subir dans le plus illustre cerveau du monde, celui de Jupiter lui-même ?

§ 6.

L'homme se convertit-il plus facilement par les enseignements d'autrui que par la multitude des exhortations intérieures qu'il s'adresse ? Nous voyons que la multitude des paroles avec lesquelles nous lançons la jeunesse dans le monde est emportée par les flots et les vents qui l'assaillent de tous côtés. On met sur le compte de l'école, c'est-à-dire de la parole, bien des choses qui appartiennent aux actions. L'école de la jeune âme n'est pas seulement dans la salle d'école, elle est partout. Mais nous sommes bien prompts à attribuer à l'éducation les résultats de toutes les autres influences. Le développement physique de l'élève provoque et entretient un développement intellectuel. Cependant celui-ci est attribué à l'éducation, comme si l'on ne pouvait croître en même temps en stature et en sagesse. Il serait aussi juste d'attribuer aux lisières l'action des muscles. Les parents prennent souvent, chez leurs enfants, pour les effets de l'éducation ce qu'ils regarderaient chez les autres enfants comme les conséquences naturelles du développement de la créature humaine. Que d'illusions dans cet ordre d'idées ! Le grand homme sorti d'un établissement d'éducation est toujours considéré comme lui appartenant ; s'il se développe dans un sens contraire, on prétend que son esprit y a trouvé une excitation favorable. Si les parents ne s'efforcent que d'embellir leur image corporelle en la transformant aussi en leur image morale, ils arrivent facilement à prendre la ressemblance naturelle pour une ressemblance acquise et à confondre les pères selon la chair avec les pères selon l'esprit, la nature avec la liberté. Il en est des enfants comme des nations ; on retrouve dans le monde moderne bien des images du monde ancien, des coutumes chinoises dans le Pérou, sans qu'il soit possible de prouver ces ressemblances par une autre filiation que celle d'Adam.

§ 7.

Nous pouvons nous flatter de mériter du genre humain, s'il est vrai, comme nous l'affirmons, que nous effectuons peu de résultats par l'éducation. Ainsi que dans le monde physique tout mouvement qui ne rencontre pas de résistance se transmet indéfiniment, dans le monde moral la même vie terne et surannée se répéterait éternellement du maître à l'élève, si celui-ci ne résistait pas vigoureusement au maître. Si l'éducation réussissait au delà de toute espérance, ce serait une fastidieuse calamité de voir la surface de la terre couverte de débiles et raides écoliers qui transmettraient leur empreinte de siècle en siècle.

Mais nous avons lieu d'espérer le contraire ; le rapport

du précepteur au disciple est, dans la suite, le même que celui de Dieu à la nature : *semel jussit, semper paret*. Le cabinet du précepteur ne tarde pas à se fermer, et l'antichambre et la salle d'audience vont s'ouvrir.

§ 8.

Par suite d'une longue habitude, qui va jusqu'à mesurer chaque pas de l'élève, des éducateurs intelligents en peuvent venir à se demander : « Comment le pauvre écolier marchera-t-il droit sans notre direction, puisque cette direction même ne l'empêche pas de trébucher ? » Ils vont même jusqu'à souhaiter de pouvoir le régler comme une horloge astronomique séculaire, afin que, longtemps après leur mort, il pût indiquer avec précision ses heures et ses diverses positions planétaires. Ils se figurent qu'ils seraient l'âme de l'homme intérieur et qu'ils dirigeraient l'action de ses membres. Ils présument beaucoup d'eux-mêmes en prétendant subordonner l'immense plan du monde à leur plan d'école, l'éducateur universel à l'homme, et en voulant aider de leurs mesquines idées le souverain des pédagogues, qui fait mouvoir les astres autour du soleil, l'enfant autour du père, et qui est le père du père et de l'enfant.

§ 9.

J'ai demandé pourquoi en Allemagne on a une si grande confiance dans la pédagogie. Je réponds : parce que, par la civilisation, l'homme tout entier est devenu un organe de la parole, et la chair s'est faite parole. Plus il y a de culture, plus il y a d'idées; moins il y a d'action, plus il y a de parole; et comme il y avait autrefois des chrétiens de langue, l'homme est un homme de langue, et l'oreille est son *sensorium commune*. La poésie est le contrepoids le plus efficace de la culture en ce qu'elle crée une vie artificielle autour des ombres subtiles que la civilisation a faites, et substitue ses radieuses images aux idées sensibles.

Si, par la culture, l'homme intérieur n'est plus composé que de lettres et de mots, on ne saurait trop parler de l'éducation ni dans l'éducation, puisque le sentiment d'avoir réduit la vie intérieure à des idées, conséquemment à des mots, donne aussi la conviction de pouvoir la communiquer de la même manière, c'est-à-dire, d'élever par la parole, parlée ou écrite. « Dessinez, disait Donatello aux architectes, et vous pourrez faire le reste. » « Parlez, dit-on aux éducateurs, et vous apprendrez à façonner. »

Puisque toute vie ne se transmet que par elle-même, les actions par les actions, les paroles par les paroles, et l'éducation par l'éducation; encourageons et soutenons-nous, par l'espérance que notre œuvre d'éducation nous récompensera par la transfiguration des disciples en maîtres.

Importance de la pédagogie.

(RÉPONSE AU DISCOURS PRÉCÉDENT.)

Je vais prouver que mon prédécesseur n'a présenté que des sophismes, et les sophismes, dans l'origine, d'après Leibnitz, n'étaient que des exercices philosophiques.

« Pourquoi, dit-il, écrit-on et parle-t-on autant de pédagogie de nos jours? C'est parce que toute notre vie consiste en paroles, et que les paroles pénètrent dans l'âme par la langue et l'oreille. » C'est absolument ce que j'affirme moi-même.

Aucun peuple, aucun âge de l'antiquité ne peut se comparer, depuis la découverte de l'imprimerie, au temps actuel; car il n'y a plus d'État fermé, plus d'action isolée d'un État sur les parties qui le constituent. Nul peuple n'est seul, pas même les insulaires des mers les plus éloignées : aussi l'équilibre politique de plusieurs États n'est-il possible qu'aujourd'hui. L'Europe est une forêt entrelacée de lianes, où vivent en parasites les autres parties du monde qui s'y attachent après y avoir puisé les sucs nourriciers. Les livres forment une république universelle, une association de peuples, une société de Jésus dans le sens élevé du mot, ou une société humaine d'où résulte une seconde Europe, comprenant diverses juridictions. L'influence des livres se répand si bien partout, qu'aucune nation ne brille plus absolument de sa gloire propre ; les États ne grandissent plus par eux-mêmes, lentement et par degrés ; mais il s'y introduit des éléments étrangers. Ainsi, grâce au concile œcuménique du monde des livres, l'esprit n'est plus asservi au concile provincial de sa nation, et une église invisible le fait sortir de l'église visible. C'est pourquoi il est permis d'espérer que l'éducation pourra réagir contre l'esprit du siècle, car la parole prononcée par le maître se répercute dans la parole imprimée, et le citoyen du monde, sous le contrôle de la république universelle, ne déchoit pas en devenant citoyen d'un État particulier, puisque les livres, ses maîtres transfigurés, le rattachent à leurs parents vivants.

Si, dans notre siècle, on écrit beaucoup sur l'éducation, c'est qu'elle manque et que son importance se fait sentir. On ne crie dans la rue que les objets perdus. L'État allemand, en particulier, ne s'occupe plus assez d'éducation. Que le maître enseigne donc dans le gynécée, dans la chaire et au pupitre. Les serres chaudes de Rome et de Sparte sont détruites, il en existe bien encore quelques-unes en Chine et dans l'Arabie déserte. Mais les vieilles doctrines de l'État dispensant l'éducation, laquelle, à son tour, réagit sur l'État, a été renversée par l'imprimerie ; car il y a des hommes qui instruisent les États par-dessus tous les États, tels sont les morts comme Platon. Aujourd'hui le grand homme a un trône plus élevé, et sa couronne brille sur une plus vaste étendue ; car il agit, non seulement par ses actes, mais aussi par ses écrits ; non seulement par sa parole, mais, comme le tonnerre, par son écho. Ainsi un seul esprit transforme ceux qui l'entourent et, par eux, la multitude ; de même qu'un grand nombre de petits vaisseaux amènent le grand navire au port, les esprits inférieurs conduisent le grand esprit sur le rivage pour le décharger.

§ 10.

Il est incontestable que tout agit sur l'homme avec plus ou moins de force selon les circonstances. Moins il a reçu d'impressions intellectuelles, plus il est susceptible d'en recevoir. La satiété ne vient jamais, car à la jeunesse de l'individu se substitue la jeunesse éternelle de la communauté ou de l'humanité.

On conseille aux pédagogues d'agir le plus dans les premières années où ils peuvent effectuer davantage par des forces moindres que dans les années subséquentes, où la liberté s'éveille et les circonstances se compliquent. De même que le cultivateur croit faire ses meilleures semailles dans le brouillard, la première semence tombe dans le premier et le plus épais brouillard de la vie.

Considérez d'abord la moralité. L'homme intérieur, ainsi que le nègre, naît blanc, et c'est la vie qui le rend noir. Si, dans la vieillesse, les plus grands exemples n'ont pas plus d'influence sur nous qu'une comète sur la terre, il n'en est pas ainsi dans l'enfance où le premier objet de l'affection ou de l'injustice projette sa lumière ou son ombre sur toute la suite des années. La première chute ou le premier essor influe sur toute la vie. C'est au début de la vie que Dieu opère le second miracle : le premier c'est d'appeler à l'existence. La nature humaine conçoit et enfante l'être divin; qu'on ne craigne pas d'être trop audacieux en nommant ainsi l'aperception qui donne naissance à un moi, à une conscience et à un Dieu. Cette heure est frappée de malédiction si cette conception n'est pas pure et si, à la naissance de l'homme, le Sauveur et Judas se rencontrent. On n'a pas encore assez observé ce moment, ni les circonstances ni les résultats qui l'accompagnent. Il y a des hommes qui se rappellent distinctement l'instant suprême où le moi est sorti pour la première fois des nuages comme un soleil pour révéler un monde radieux.

La vie, surtout la vie morale, commence par le vol, puis vient l'élan, ensuite la marche, et finalement l'arrêt.

§ 11.

Ce qui est vrai du cœur de l'homme intérieur l'est aussi de l'œil. Si le cœur, comme l'antique église chrétienne, doit être dirigé vers l'orient de l'enfance, l'œil ainsi que le temple grec, reçoit sa plus vive lumière par l'entrée et d'en haut. L'enfant va au-devant de l'éducation intellectuelle avec une nature qu'on ne retrouve pas plus tard; ce terrain est plein de germes; partout où tombe un rayon (car l'éducation consiste plus à réchauffer qu'à semer), il fait éclore un germe, et toute la période de l'enfance se compose de chaudes journées de création. Deux forces agissent: d'abord la foi de l'enfant, ce pouvoir absorbant, sans lequel il n'y aurait ni éducation ni langage, et l'enfant serait semblable à un petit oiseau, sorti trop tard du nid, et réduit à mourir de faim parce qu'il n'ouvre pas le bec à la main qui le nourrit. Cette foi est le partage du petit nombre, et elle s'affaiblit avec les années dans la multitude des hommes. La seconde force est la sensibilité de l'enfant, qui va s'affaiblissant jusqu'à ce que l'homme émoussé ne soit plus capable de ressentir d'autres émotions que celles du monde futur.

§ 12.

Mais toute la foule des hommes n'agit pas sur l'être humain. Un petit nombre d'individus seulement nous impressionnent et nous façonnent, tandis que la foule passe comme une armée lointaine. Et c'est surtout dans l'enfance qu'ils exercent leur influence. Le père, la mère, les frères, les sœurs et quelques amis sont pour l'enfant le monde.

§ 13.

Ce que mon adversaire a dit de l'absorption des individus dans la masse mérite, non une réfutation, mais une confirmation. L'égalité des masses laisse subsister bien des inégalités dans les individus; et bien que la statistique des décès soit exacte, ce n'est pas là-dessus que chaque individu fonde ses craintes ou ses espérances. Les montagnes disparaissent dans la sphéricité de la terre, et de loin on ne distingue pas les pierres d'un chemin rocailleux; mais celui qui le parcourt s'en aperçoit bien. Et si mon adversaire, en déplorant l'inefficacité de la bonne éducation, admet l'influence de la mauvaise, il présuppose que l'éducation étant capable de déformer, elle est aussi capable de former. On ne pourrait donc reprocher à la pédagogie que de manquer de précision dans l'indication des perturbations subies par un petit astre errant sous l'influence d'autres astres dont il est rapproché. Et nous n'avons pas de peine à convenir de cette lacune.

DEUXIÈME FRAGMENT

ESPRIT ET PRINCIPE DE L'ÉDUCATION. — INDIVIDUALITÉ DE L'HOMME IDÉAL. — ESPRIT DU SIÈCLE. — ÉDUCATION RELIGIEUSE.

Il faut connaître le but avant le chemin. Tous les moyens et les procédés d'éducation sont déterminés par l'idéal qu'on se propose. La plupart des parents ont, au lieu d'un idéal, toute une galerie d'idéals, qu'ils présentent à l'enfant par fragments et qu'ils cherchent à lui inculquer par une sorte de tatouage. Le père se dissimule, sous la variabilité de ses principes, le manque de consistance et d'unité de son système. Quant à la mère, elle ne ressemble ni au père, ni même à cet arlequin qui vient sur la scène avec un paquet d'ordres sous un bras et de contre-ordres sous l'autre. La mère serait plutôt semblable au géant Briarée, à cent bras dont chacun porte un commandement.

L'extrême mobilité de ces souverainetés des demi-dieux fait sentir non seulement l'absence, mais aussi la nécessité et les droits d'un Dieu suprême; car, dans les âmes communes, l'idéal se manifeste plus par le désaccord que par l'unité intérieure, plus aussi par les jugements sur autrui que par ceux que l'on porte sur soi-même. Que peuvent ainsi devenir les enfants, si ce n'est des élèves multicolores ou ternes, qui, à moins d'une personnalité forte et invulnérable, sont assouplis par l'esprit du siècle ou dirigés au gré du hasard ou de leur fantaisie.

Beaucoup de parents n'élèvent leurs enfants que pour

eux-mêmes et ne songent, dans les résultats qu'ils cherchent à obtenir, qu'à leur repos et à leur jouissance propre. D'autres éducateurs ne se préoccupent que de former des citoyens utiles à l'État. Ils oublient que l'humanité recommence dans chaque enfant, que l'homme précède le citoyen et qu'il a un avenir plus grand que l'État, que le monde même. Par quoi les parents, qui font de l'enfant un être dépendant, ont-ils acquis le droit de se perpétuer autrement que dans la nature physique, au lieu d'engendrer des êtres moraux ? Le soin du corps est-il au prix du rétrécissement de l'esprit ? La coutume spartiate de faire mourir les enfants mal constitués n'est pas beaucoup plus inhumaine que celle de perpétuer les âmes faibles.

C'est l'égoïsme qui est au fond de ces faux systèmes d'éducation. Mais il faut proscrire aussi toutes les bornes, même les colonnes d'Hercule qui limitent les libres actions de l'homme futur. Mengo, en dirigeant l'éducation physique et morale de son fils Raphaël Mengo de manière à faire de lui un peintre, appliquait à une plus noble fin la coutume égyptienne qui obligeait les enfants à suivre la profession de leur père. Mais Winckelmann prétend que les Grecs n'ont atteint à la perfection dans l'art que par la liberté et pour la liberté.

Il y aurait beaucoup à dire contre le système de nos orphelinats, qui tend à convertir en humbles novices de couvent les âmes libres et heureuses des enfants. L'homme ne doit pas seulement croître vers le ciel, comme les plantes et les protubérances des ruminants, mais il doit aussi se développer vers la terre; et le précepte de Bacon se rapporte aussi aux enfants : « Souviens-toi que tu es un homme, souviens-toi que tu es un Dieu. »

L'éducation ne consiste pas seulement à développer ou à exciter; car toute vie développe, et toute mauvaise éducation excite.

§ 14.

Une éducation purement négative, telle que nous semble celle de Rousseau, serait autant en contradiction avec elle-même et avec la réalité qu'une vie organique d'accroissement sans stimulant; même les sauvages enfants des forêts reçoivent une éducation positive des bêtes féroces et des volatiles. L'homme de la nature, que Rousseau confond souvent avec l'homme idéal, progresse par des stimulants; mais les moyens d'excitation dont se sert d'abord Rousseau sont plutôt des choses que des hommes, des sensations que des paroles; et, dans l'emploi de ces moyens, il suit une gradation plus saine que ses prédécesseurs, qui agissaient sur la nature impressionnable de l'enfant par les moyens les plus puissants, tels que Dieu, l'enfer et le bâton. Il suffit de faire sortir l'âme de l'enfant du *limbus patrum et infantum*, pour que la nature se développe d'elle-même. Tel semble être l'avis de Rousseau. En effet, il en est ainsi partout et toujours, mais seulement dans les êtres, c'est-à-dire dans l'individualité des siècles, des pays et des âmes.

§ 15.

Un Grec contemporain, ne connaissant pas le grand passé de sa nation, la dépeindrait peut-être actuellement comme étant au plus haut point de la civilisation et de la moralité. Mais si, par un coup de baguette magique, il voyait apparaître tout à coup les Grecs des guerres médiques, ou la brillante Athènes et l'austère Sparte, il croirait voir des dieux à la place des hommes. Et pourtant ces dieux ne sont ni des génies, ni des hommes extraordinaires, c'est un peuple, c'est-à-dire la majorité et la moyenne de la force humaine. Si l'on contemple, dans l'histoire, les hauteurs où habitent les peuples transfigurés, puis les profondeurs où gisent les peuples en servitude, on se dit que là où les multitudes se sont élevées, l'individu peut monter aussi. L'homme intérieur, personnifié et transfiguré par un peuple, par une majorité, doit vivre dans chaque individu.

Il en est ainsi en effet. Chacun de nous a en soi son idéal que, dès la jeunesse, il cherche en secret à rendre libre et à satisfaire. C'est surtout dans l'adolescence, à l'époque de l'épanouissement de toutes les facultés, que l'homme discerne d'un œil plus clairvoyant cette sainte vision. Plus tard, l'homme idéal se flétrit dans le grand nombre, subjugué par le présent, la nécessité et l'influence du milieu. Mais le regret de chacun exprimé par cette parole : « Que n'aurais-je pu devenir ! » atteste l'existence ou le passé du plus vieil Adam, celui du paradis.

Mais c'est dans un anthropolithe (un homme pétrifié) que l'homme idéal vient sur la terre. L'œuvre de l'éducation est d'affranchir de leurs entraves certains membres, afin que les autres puissent s'en délivrer eux-mêmes. Que cet homme normal qui, dans toute âme supérieure, reste le maître permanent et silencieux, forme à l'extérieur l'âme de l'enfant et en fasse sortir l'homme idéal, pour le rendre libre et fort ! L'idéal de Fénelon, si plein de douceur et de force, et celui de Caton II, si plein de force et de douceur, ne pourraient se confondre sans se suicider.

§ 16.

L'éducation doit rechercher et respecter l'individualité de l'homme idéal. L'éducateur le plus terne inspire à ses élèves le respect de la personnalité, au moins de la sienne ;

mais il travaille en même temps à affaiblir le moi dans chacun. Il s'accorde à lui-même toute l'individualité qu'il peut pour annuler celle d'autrui et inculquer la sienne. Il cherche à modeler à son image les esprits flexibles et tendres de l'enfance. Le père de l'enfant aspire à devenir aussi son père spirituel. Dieu veuille qu'il réussisse rarement! Heureusement il ne réussit point. La médiocrité seule se substitue à la médiocrité d'autrui; c'est-à-dire une individualité peu marquée est remplacée par une autre aussi terne; de là la multitude des imitateurs, des copistes. D'une gravure sur bois, on peut tirer des milliers d'exemplaires; mais d'une planche de cuivre une dizaine seulement.

§ 17.

Mais ce n'est pas l'égoïsme seul qui fait négliger la personnalité d'autrui; c'est aussi la confusion de l'idéal avec les idéals. De même qu'il n'y a qu'un esprit poétique, mais bien des formes diverses, ainsi la génialité morale produit ici un Socrate, là un Luther, ailleurs un Phocion ou un saint Jean. Comme le fini ne saurait refléter l'idéal infini et ne le reproduit que par fragments, ces fragments diffèrent infiniment entre eux; ni la goutte de rosée, ni le miroir, ni la mer ne reflètent le soleil dans sa grandeur, mais ils en réfléchissent la forme et la lumière.

§ 18.

Le moi est, après Dieu, l'être le plus élevé, le plus incompréhensible que nous puissions contempler et que la langue puisse exprimer. C'est le règne de la vérité et de la conscience, laquelle n'est rien sans le moi. Nous sommes forcés d'attribuer le moi à Dieu pour nous figurer son existence, et aux êtres dépourvus de raison pour nous en faire une idée. Un second moi est encore plus inconcevable pour nous que le premier.

Chaque moi est une personnalité, par conséquent une individualité morale. C'est une perception intérieure de tous les sens, ainsi que la faculté de sentir est la réunion des quatre sens extérieurs. C'est l'ensemble de toutes les facultés esthétiques, morales et intellectuelles qui constituent l'âme.

Nous aurions plus égard à l'individualité si elle se manifestait partout avec autant de force que dans le génie. Mais que l'on brise la force primitive d'une nature moyenne, et elle n'est plus qu'un être parasite, que la copie de chaque nouvelle image, l'esclave de chaque maître à venir. Si l'on fait sortir l'homme de son individualité pour lui en attribuer une autre qui lui est étrangère, il perd sa gravité intérieure et il oscille sans cesse. Cependant l'éducation doit séparer de l'individualité qu'il faut laisser grandir, une autre individualité qu'il faut soumettre ou diriger; la première est celle de l'intelligence, la seconde celle du cœur. Chaque qualité distinctive de l'intelligence est un cœur qui bat et qui s'alimente de toutes les aptitudes et de tous les enseignements qui en entretiennent la vie. Le don supérieur s'accroît ainsi, et il n'est pas permis à l'éducateur d'endormir dès le matin de la vie une individualité artistique. Quant à l'individualité morale, elle est harmonie, tandis que l'autre est mélodie. Un Euler serait affaibli si on lui inoculait un Pétrarque, et réciproquement; car aucune puissance intellectuelle ne saurait être trop grande, aucun peintre ne peut être un trop grand peintre; mais chaque qualité morale doit être limitée par le développement d'une qualité opposée. Chaque force étant sacrée, qu'on se fasse une loi de n'en affaiblir aucune, et de réveiller la force contraire pour rétablir l'harmonie. Que dans une nature trop sensible et trop tendre, on fortifie le sentiment de la dignité et la clairvoyance ; qu'on ne rende pas timide le caractère audacieux, mais qu'on lui inspire la tendresse et la prudence.

§ 19.

Le but de l'éducation qui doit briller devant nous dans toute sa grandeur, avant que nous cherchions les moyens de l'atteindre, exige que nous nous élevions au-dessus de l'esprit du siècle. L'enfant n'est pas élevé pour le présent qui agit sur lui incessamment et en dépit de tout, mais il est formé pour l'avenir. Il est nécessaire de connaître l'esprit du siècle pour l'éviter. Ce que nous appelons ainsi, les anciens l'appelaient le train du monde, les derniers temps, les signes du dernier jour, le règne du diable, de l'Antéchrist. Aucun âge d'or ou d'innocence ne se regardait comme tel, mais il attendait celui qui devait venir. Le passé seul est radieux, comme le sillage lumineux que laisse le navire sur la mer.

Le passé nous parle une langue que nous ne comprendrions pas si elle n'était innée en nous. C'est l'esprit de l'éternité qui juge l'esprit du siècle qu'il voit de haut. Et que dit-il du temps actuel ? De dures paroles. Il dit que notre temps présente plus facilement un grand peuple qu'un grand homme, parce que la civilisation et la force ont aggloméré les hommes dans un même esprit, ainsi que les gouttes de vapeur d'une immense machine, de sorte que la guerre même n'est plus qu'un jeu entre deux êtres vivants. L'esprit de l'éternité, qui juge le cœur et le monde, dit sévèrement ce qui manque aux hommes sensuels qui sont les esclaves de leurs passions : ce qui leur manque, c'est l'esprit céleste. Les ruines de son temple s'enfoncent de plus en plus dans la terre. On se figure que la prière appelle l'erreur. La foi ne porte pas de fruits. Si autrefois il y avait de la religion dans la guerre, il n'y a plus même aujourd'hui de guerre dans la religion. Le monde est devenu un édifice, l'éther un gaz, Dieu une force, et la vie à venir un cercueil.

Enfin l'esprit de l'éternité nous reproche le cynisme avec lequel nous nous livrons à l'ardeur de la colère et de la convoitise dont toutes les religions et les peuples anciens auraient rougi. Il nous dit que nous ne sommes vivants que dans la haine ou le désir.

§ 20.

Ainsi parle l'esprit austère de l'éternité; mais il s'adoucit quand nous l'écoutons.

Les regrets et les pleurs d'un siècle indiquent, comme la source dans la montagne, un sommet plus élevé. Il n'y a que les peuples qui s'enfoncent dans la fange qui ne pleurent plus sur eux-mêmes, mais sur les autres. L'audacieuse et haute pensée des Talmudistes qui faisaient prier Dieu, comme les Grecs soumettaient Jupiter au destin, a sa signification dans les sublimes désirs que l'Éternel lui-même fait naître en nous.

Une religion s'éteint après l'autre; mais le sentiment religieux qui les crée toutes ne peut être anéanti dans l'humanité; il manifeste sa présence par des formes de plus en plus pures. La parole de Tyrtée, savoir que Dieu s'est révélé d'abord aux hommes sous leur propre forme, ensuite par des voix, puis en songe et par l'illumination, cette parole a une belle signification dans notre temps et dans les temps futurs, si l'on entend par le songe la poésie, et par l'illumination la philosophie. Tant que le mot Dieu subsistera et qu'il aura un sens dans le langage, il dirigera nos regards en haut. Le surnaturel est comme le soleil qui, dans une éclipse, maintient le jour, pourvu que le moindre bord de l'astre reste découvert. Notre siècle est un temps de criticisme qui flotte entre le désir et l'incapacité de croire ; c'est un chaos d'influences qui se combattent. Mais il n'y a pas de désordre ni de confusion qui ne présuppose son contraire. L'audacieuse conscience de soi ne développe-t-elle pas le caractère?

On reproche à notre temps l'inconstance des jugements et en même temps l'indifférence qui ne peut en être la cause. Dans toute l'Europe déchue, il n'y a pas un seul homme qui soit indifférent à la vérité, comme telle, puisque c'est la vérité qui décide de sa vie en dernier ressort; mais le nombre infini de faux prédicateurs a rendu l'homme méfiant. Chaque époque nouvelle n'est qu'une nouvelle température pour les semailles à venir, mais nous ne savons pas quelle semence le ciel y répandra.

Tout péché nous semble nouveau et rapproché, comme dans la peinture le noir ressort davantage; l'homme s'habitue à la charité, non à l'injustice. C'est pourquoi chacun trouve son temps moralement plus mauvais et intellectuellement meilleur qu'il n'est; car, dans les sciences, la nouveauté est le progrès; dans la morale, elle est en contradiction ave cnotre idéal intérieur, et, à l'égard de nos idoles historiques, elle paraît être un recul. Il n'en est pas des erreurs des peuples dans le passé comme des tableaux décoratifs : ces erreurs paraissent plus difformes, parce que, de loin, nous n'en distinguons pas les embellissements. Mais les taches morales des Romains ou des Spartiates nous semblent adoucies; et l'ombre du passé se projette belle et transparente sur le présent.

Dans tous les temps, l'esprit a précédé le cœur de plusieurs siècles.

§ 21.

Puisque la manière de voir détermine la façon de penser et que, réciproquement, les jugements engendrent les actes; puisque l'intelligence et le cœur se fécondent ou se paralysent réciproquement, quand l'une et l'autre sont malades en même temps, le destin n'a qu'un remède lent, le malheur. Si la souffrance purifie les individus, pourquoi n'en serait-il pas de même des peuples?

C'est à nous de préparer nos enfants pour les mauvais jours, et de les armer contre l'esprit du siècle, en leur inspirant trois forces : la fermeté de la volonté, l'amour et la religion. Notre siècle n'a que des désirs passionnés, ainsi que l'animal, l'insensé et le malade; mais il est dépourvu de cette force de volonté qui s'est manifestée avec le plus de gloire à Sparte et à Rome. Que l'art de l'éducation remplace donc l'état d'autrefois pour fortifier l'intelligence et la volonté. Que les agitations passionnées soient dominées par l'harmonie stoïque; que la jeune fille et le jeune homme comprennent qu'il y a dans l'océan quelque chose de plus élevé que les vagues, savoir un Christ qui les dompte!

En développant la force de volonté on donne plus de liberté à celle de l'amour. La crainte est plus égoïste que le courage, car elle est plus indigente. L'égoïsme parasite qui épuise ne s'attaque qu'à des troncs pourris. La force tue ce qui est mesquin. Qu'on laisse une libre action à l'homme, créé plutôt pour l'amour que pour la résistance, et il aura l'amour qui bâtit sur le roc. Que le cœur moral soit comme le cœur physique, vulnérable, sensible, vivant et chaud; mais que ses battements soient fermes, réguliers, sous une forte charpente qui en garantisse les nerfs délicats.

On ne discute plus sur l'importance de la fermeté et de la douceur, il ne s'agit plus que de les développer. Il n'en est pas de même de la religion, dont l'existence est mise en doute par le grand nombre, ainsi que les chemins qui y conduisent. Il faut donc commencer par établir le droit d'élever religieusement l'enfant. La force et l'amour sont les deux antithèses de l'homme intérieur ; mais la religion établit entre elles l'harmonie, elle est l'homme dans l'homme.

§ 22.

Cependant la religion n'est plus une divinité nationale, c'est une divinité domestique. Notre siècle est un verre grossissant à travers lequel tout ce qui est élevé paraît plat. Nous formons nos enfants pour un avenir où la religion va s'affaiblissant ; il faut donc que nous leur donnions un cœur avec un sanctuaire, que nous leur inspirions une foi humble au monde invisible, et, si nous croyons à une religion, que nous la distinguions de la morale.

L'histoire des peuples se prononce pour cette distinction. Il y a eu beaucoup de religions, mais il n'y a qu'une loi morale ; dans les religions, un Dieu se fait homme ; par la loi morale, l'homme devient Dieu. Le moyen âge, malgré son abaissement moral, avait le sentiment religieux. De nos jours, au contraire, les bois sacrés sont éclaircis ou abattus, mais les grandes routes de la morale sont plus droites et plus sûres. Le siècle essaie de couvrir la décadence du sentiment religieux par un sens moral plus rigoureux et plus ferme. Le stoïcisme, ce fils glorieux de la moralité, est-il une religion ? Si la distinction entre la religion et la moralité n'était pas fondée sur quelque chose de réel, on ne comprendrait pas l'erreur de quelques esprits chimériques, des quiétistes par exemple, qui croyaient que l'ardeur de l'amour divin consumait tout péché. Il est vrai que la piété, portée au plus haut degré, devient la moralité, et celle-ci produit la piété à son tour ; il faut que ce qui est divin se confonde avec la morale, ainsi qu'avec la science et l'art.

Il ne peut être ici question de cette religion mercenaire qui chante et prie à la porte du ciel jusqu'à ce qu'elle ait obtenu ce qu'elle demande.

§ 23.

Qu'est-ce que la religion ? Répondez en priant : c'est la foi en Dieu ; car ce n'est pas seulement le sens de ce qui est surnaturel et sacré, ni la foi à l'invisible, c'est le pressentiment de celui sans lequel nous ne saurions concevoir le surnaturel. Enlevez Dieu à l'âme, et tout ce qui est au delà et au-dessus de la terre n'en est qu'une image amplifiée.

Si l'on me demande : « Qu'est-ce que Dieu ? » je réponds avec un ancien auteur : « C'est un soupir inexprimable qui vient du fond de l'âme. » Belles et profondes paroles ! Sans Dieu, le moi est isolé en toute éternité ; avec Dieu, il est plus vivant, plus un que dans l'amitié et l'amour. L'homme n'est plus seul avec son moi. L'Éternel, son bien-aimé, l'abandonne aussi peu que le moi ne s'abandonne soi-même ; et au milieu des souillures et des vanités du monde, dans les agitations et les combats, le Très-Haut lui parle. Ce qu'il fait et ce qu'il souffre n'est pas un sacrifice à Dieu, car il aime Dieu. Du ciel la flamme descend sur l'autel et consume la bête, mais la flamme et le prêtre restent. La loi morale commande à ceux qui sont dépourvus d'amour, afin de les rendre meilleurs. Mais la contemplation de l'ami de l'âme, qui vivifie cette loi et la rend infinie, proscrit non seulement la mauvaise pensée qui triomphe, mais aussi celle qui tente. Ainsi que l'aigle plane au-dessus de la plus haute cime, l'amour sincère s'élève au-dessus du devoir inaccessible.

Chaque vie est un temple mobile de l'infini. Tout ce qui est terrestre se transfigure et s'illumine par la pensée de Dieu.

§ 24.

Comment introduire l'enfant dans le nouveau monde de la religion? Non par des démonstrations. Chaque échelon du savoir fini est atteint progressivement par l'instruction; mais l'infini, qui supporte lui-même les extrémités de l'échelle, se révèle tout d'un coup; on s'y élève sur des ailes, non par degrés. Le moi cherche sa cause, cette liberté dont émane la loi des êtres finis; mais il ne pourrait la chercher s'il ne la connaissait et ne la possédait déjà. La grandeur de la religion n'est point limitée par telles ou telles opinions, mais elle s'étend à l'homme tout entier.

Ce qui distingue l'homme des animaux, ce n'est ni la réflexion, ni la moralité : c'est la religion qui ne dépend ni de l'opinion, ni de la disposition, mais qui est le cœur même de l'homme intérieur. Herder démontre que tous les peuples ont reçu de la religion la langue, l'écriture et leur première éducation. Il prouve aussi que, chez les nations comme chez les individus, l'idéal est plus ancien que la réalité, que les choses les plus élevées sont plus près de l'enfant que les plus basses. S'il n'y avait déjà dans l'enfant toute une métaphysique religieuse, comment pourrait-on lui donner l'idée de l'infini, de Dieu, de l'éternité, de la sainteté, puisque nous ne pouvons les faire comprendre par des idées sensibles et que nous n'en possédons que la langue vide, laquelle peut réveiller, non créer. Ainsi que la musique intérieure qu'entendent les mourants, les idées sont des sons intérieurs.

Si Dieu et la religion étaient le patrimoine de l'âge mûr,

ainsi que le veut Rousseau, l'enthousiasme religieux et l'amour divin ne se trouveraient que dans les grandes âmes. C'est surtout à l'âge de l'innocence que les choses saintes s'enracinent. Les nuées ou l'azur du matin décident de l'éclat du jour.

Mais la loi, en toutes choses, étant que celui qui veut donner doit posséder, nul ne saurait enseigner la religion s'il ne la possède; l'hypocrisie de l'âge mûr n'engendre que celle de l'enfance. Que, dans l'âge le plus tendre, l'enfant n'entende pas souvent nommer l'infini, mais qu'il en voie les symboles. Le sublime conduit à la religion, comme les étoiles à l'infini. Prononcez le nom de Dieu dans la grande nature, la tempête, le tonnerre, le ciel étoilé, en face de la mort. Un grand malheur, un grand bonheur, une noble action, sont les fondations du temple de l'enfance. Montrez le respect des choses saintes même sur les limites du domaine de la religion. Newton, qui se découvrait la tête quand le nom de Dieu était prononcé, aurait enseigné aux enfants la religion sans paroles. Faites devant eux, non avec eux, vos prières; et ne dites avec eux que les leurs. Ne les menez que rarement à l'église, car l'oratorio de l'église est aussi incompréhensible pour eux que celui de Klopstock ou de Hændel.

Que le Dieu de l'enfance ne soit pas créé par la crainte qui est engendrée par un mauvais esprit.

TROISIÈME FRAGMENT

ÉDUCATION MORALE. — FORCE MORALE. — FORCE PHYSIQUE. — DANGERS DE LA CRAINTE ET DE LA TERREUR. — AMOUR DE LA VIE. — INEFFICACITÉ DE LA PASSION. — UTILITÉ DES IDÉALS DE LA JEUNESSE. — VÉRACITÉ. — ÉDUCATION DES SENTIMENTS AFFECTUEUX.

L'honneur, la probité, la fermeté, la sincérité, le courage, la patience, la franchise, le respect de soi, l'égalité, le dédain de l'opinion, et la justice, toutes ces vertus ne constituent qu'une partie de la nature morale, c'est-à-dire la force et la grandeur morale. L'autre partie comprend tout ce qui se rapporte à autrui : l'amour, la mansuétude, la charité, ce que l'on peut appeler la beauté morale.

L'une se rapporte davantage au moi, l'autre au non-moi ; l'une glorifie surtout une idée, l'autre une vie; mais toutes deux s'élèvent au-dessus du moi plein de concupiscence et de péché, car l'honneur, aussi bien que l'amour, immole l'égoïsme. L'amour ne cherche pas dans autrui ce qu'il fuit dans le moi, mais il y contemple et saisit l'image du divin. Nous trouvons Dieu deux fois, en nous et hors de nous, dans le regard et dans la lumière. C'est partout le même feu céleste que vous appelez sacré. D'ailleurs, dans le domaine spirituel, il n'y a ni intérieur, ni extérieur. La vraie force morale produit l'amour, comme les branches les plus vigoureuses portent le fruit excellent; et la faiblesse, comme le volcan, ne s'ébranle que pour détruire.

Non seulement le véritable amour peut tout, mais il est tout.

§ 25.

Il ne s'agit pas ici d'approfondir la force et l'amour, nous n'avons qu'à en étudier les manifestations. L'homme paraît destiné plutôt à manifester la force et la grandeur, la femme l'amour ou la beauté morale, car l'homme agit en regardant au dedans de lui, et la femme en regardant au dehors. Mais à quoi bon cette induction? Cette division morale se répète en petit dans chaque individu.

§ 26.

Un siècle a besoin d'hommes pour naître, un autre pour subsister. Le nôtre en manque à la fois pour naître et pour subsister; et pourtant l'éducation redoute par-dessus tout de fortifier la jeunesse, et elle l'affaiblit autant qu'elle peut. Les salles d'école ne sont que les sacristies des temples que les Romains avaient bâtis à *Pavor et Pallor*. Comme si le monde avait trop de courage, les éducateurs inspirent la crainte par des actes ou des punitions et ne recommandent le courage que par des paroles; ils ne louent pas l'esprit d'entreprise, leurs récompenses sont pour l'abstention. Les timides, d'après Homère, étaient placés au centre dans l'armée de Nestor; il en est de même dans nos États; et dans les rangs inférieurs et supérieurs on trouve plus de courage que le savant ou le maître d'école n'en a ordinairement. C'est pourquoi celui-ci voudrait que ses élèves fussent comme les Iroquois qui tiennent le lièvre pour une divinité, et il prétend les élever pour cette condition. Les anciens oubliaient l'amour en cultivant la force, et réciproquement. Il est vrai que notre éducation énervante a une excuse toute prête : le courage de l'enfance n'ayant pas le contre poids de la prudence, dégénère facilement en orgueil et lutte contre le maître et contre son propre bonheur. Mais qu'on songe que les années augmentent la lumière, non la force, et qu'il est plus facile de fournir un guide dans la vie que de restituer les pieds et les ailes une fois qu'ils ont été enlevés par une prudence excessive.

§ 27.

Le corps est la cuirasse de l'âme. Que le corps soit donc avant tout durci, chauffé à blanc et trempé comme l'acier. Les blessures que rapporte de la rue le jeune garçon lui sont plus salutaires que celles de l'école, et développent davantage la force d'endurer. L'Anglais, fougueux dans son adolescence, devient un membre sage du Parlement; ainsi que les Romains, d'abord brigands, ont produit un sénat vertueux, s'immolant à la chose publique. Les Romains saignaient ceux qui avaient trop de vie; les verges de la discipline scolaire font aussi couler le sang, et l'emprisonnement fait pâlir celui qui reste. On ne saurait assez répéter qu'il ne faut diminuer aucune force, mais développer la force contraire. Chez les écureuils, les dents supérieures s'allongent souvent jusqu'à les faire souffrir; mais ceci n'a lieu qu'après la chute des dents inférieures. Il serait facile de rendre prudent un adolescent téméraire et audacieux; on n'aurait qu'à parcourir avec lui un livre d'anatomie ou de chirurgie; cependant ce remède ne doit être employé, comme l'arsenic, que dans des cas rares et à de très faibles doses. L'affaiblissement physique produit la faiblesse morale; les accidents moraux laissent d'éternelles traces, et un bras cassé guérit plus facilement qu'un cœur brisé. On affaiblit les enfants bien portants par la dureté, les malades par la mollesse; tandis que les malades guériraient plus facilement par d'intelligentes distractions, telles que les images, les contes, etc. La santé est le premier degré du courage, l'exercice corporel qui apprend à supporter la douleur en est le second. Non seulement on néglige cet exercice de nos jours, mais encore on le combat, et l'on châtie l'enfant pour lui apprendre à ne pas l'endurer, et pour provoquer un aveu, au lieu de l'habituer à souffrir. Comment pouvez-vous confondre les moyens de torture de la police avec l'art de l'éducation, au point de ne pas tenir compte de la force morale en face de la force physique, et de considérer la fermeté comme l'endurcissement dans le mal. C'est aussi faux que le procédé de Locke, qui prétend dégoûter les enfants des cartes en les excitant à en abuser; car cette inconsistance, causée par l'ennui de commander et de répéter un ordre, serait une maladie plus grave que celle qu'on veut guérir. Nous ne saurions trop protester contre les coutumes détestables de punir sévèrement les enfants devant les enfants pour faire un exemple. Ou bien l'enfant s'associe, en spectateur froid, à la colère de celui qui punit, et n'éprouve aucune compassion pour son camarade, aucune répugnance pour l'abus de la force, et, dans ce cas, je ne sais pas ce que son cœur aurait encore à perdre; ou bien l'enfant ressent toutes les peines infligées à son égal, et trouve, comme le peuple qui assiste aux exécutions capitales, que la peine excède le crime, et ainsi tout l'effet du spectacle est perdu; ou bien encore il sent à la fois la pitié et la justice de la peine et n'éprouve que de l'horreur pour la souffrance : ainsi vous obtenez en effet l'obéissance, mais vous augmentez aussi la crainte. Épargnez donc aux enfants le spectacle des grandes punitions.

On devrait inventer des exercices ayant pour but de faire endurer la souffrance à l'exemple des stoïciens; les garçons pratiquent déjà de tels jeux. A Mexico, on a vu un enfant attacher son bras à celui d'un camarade, placer entre les deux membres un charbon ardent, et rivaliser avec son camarade de fermeté pour supporter la douleur. Montaigne nous rapporte que, dans son enfance, la noblesse aurait rougi d'apprendre l'escrime qui ne permettait plus à la seule vaillance de décider de la victoire. Les anciens Danois ne craignaient pas de recevoir des blessures en plein visage. Ce que des nations entières ont pu faire, ce qui n'était pas un don de la naissance, mais un résultat de l'éducation, c'est ce qu'il faut tâcher de réaliser dans les individus.

Ne vous apitoyez pas sur les souffrances de l'enfant. Veillez avec plus de sollicitude sur l'ouïe que sur la vue. L'ouïe est le sens de la crainte, c'est pourquoi les animaux qui ont l'ouïe fine sont plus craintifs. Comme la musique par ses ravissements, le son, le cri d'épouvante saisit directement le cœur.

Surtout épargnez à l'enfant vos propres lamentations sur vos maux ou ceux d'autrui. Rien n'est contagieux comme la peur et le courage, mais la peur des parents se multiplie chez les enfants; là où le géant tremble, le nain est atterré.

Que le père ne montre pas à l'enfant un air abattu ou désolé, comme s'il y avait beaucoup à perdre dans une vie qui se perd elle-même; il peut faire entrevoir un avenir difficile, mais il n'en doit témoigner aucune crainte.

§ 28.

La résignation aux blessures qu'on a reçues et le mépris de celles qu'on peut recevoir se fortifient réciproquement. Le courage ne consiste pas à ne pas voir le danger, mais à le surmonter, lorsqu'on le connaît. Que l'on encourage l'enfant, non pas en lui disant : « Cela ne fait pas mal », car s'il en était ainsi, le mouton serait aussi vaillant que le lion, mais en lui disant : « Cela fait seulement souffrir, qu'importe ? »

Il y a un courage contre l'avenir et l'imagination : il y en a un autre contre le présent et l'imagination ; le premier est l'opposé de la crainte, le second celui de la terreur. De toutes les émotions, la crainte affaiblit et paralyse le plus l'intelligence (selon le cardinal de Retz), la terreur l'anéantit complètement et y substitue la démence. On peut inspirer la crainte à petites doses bien calculées, de manière à exciter la résolution et la réflexion. Mais la terreur foudroie l'homme.

Outre la bonne constitution, il n'y a contre la terreur d'autre remède que celui de se rendre compte de la cause qui la produit : l'inconnu seul la provoque.

§ 29.

Par quoi les martyrs du christianisme, de la charité, de la piété filiale et de la liberté, ont-ils triomphé de la souffrance, de l'opinion? C'est par la puissance d'une idée profondément enracinée dans le cœur. Inspirez donc à l'enfant une idée vivante, fût-ce celle de l'honneur, et il sera capable de devenir un homme, il surmontera la peur.

Faites-lui comprendre qu'il y a un domaine plus élevé que celui de la sensation. S'il désire une chose défendue, ne l'en éloignez pas, afin qu'il triomphe de la sensation par le jugement. Que votre défense soit dépouillée de tout ce qui pourrait l'affaiblir. En adoucissant et en dissimulant la règle, on fait du hasard le maître, et nulle habitude ne peut se former. N'enveloppez pas non plus un refus; mais que ce refus soit net, et qu'il enseigne à l'enfant le renoncement. En se soumettant au bon plaisir on s'affaiblit ; en se soumettant à la nécessité on devient fort.

Soyez donc pour l'enfant une nécessité. L'obéissance des enfants n'a aucune valeur par elle-même, car il serait regrettable qu'ils obéissent à tout le monde. C'est le motif de l'obéissance, la confiance inspirée par le respect ou l'amour, la perception de la nécessité, qui ennoblit l'obéissance. Ceux qui n'obéissent qu'à la crainte deviennent des hypocrites, des flatteurs qui se dédommagent de leur contrainte quand ils ne sont plus sous l'œil du maître.

Vous courbez ou brisez la jeune âme en exigeant d'elle de la déférence pour les distinctions extérieures, en lui enseignant à traiter d'une manière différente le serviteur et le supérieur de son père. Par sa nature, l'enfant est un Diogène à l'égard d'Alexandre, et un doux Alexandre vis-à-vis de Diogène. Ce serait l'inverse que de lui inculquer avant le temps le respect des conditions.

Rien n'agrandit le cœur de la jeunesse comme l'amour de la patrie. Qu'on répande dans les écoles ce feu sacré; mais que ce ne soit point par l'explication de Tyrtée, c'est-à-dire par l'enthousiasme pour une nation antique et déchue, mais par l'étude de l'histoire nationale.

Aucune doctrine ne rencontre autant de maîtres que celle du plaisir; comme si elle n'était pas déjà gravée dans le cœur des chats, des vautours et d'autres animaux. Pourquoi enseignez-vous ce que n'ignore pas l'animal? Vous souillez l'âme, vous la rapetissez et la rendez hypocrite en essayant d'inspirer la dignité, la justice et la religion par d'autres moyens que ces divines créations elles-mêmes.

Puisque la vie est un combat, que l'éducateur soit un poète qui enflamme l'âme par ses chants sacrés. Qu'il ne lui représente pas l'avenir comme une succession d'innocentes joies, comme un passage du printemps à l'automne, des fleurs aux fruits, mais comme un temps qui doit réaliser un long projet. Que son but soit l'activité, non la jouissance. La jouissance s'épuise; il n'en est pas de même de l'effort.

Ne craignez pas le réveil de l'ambition qui n'est autre chose qu'une forme grossière du respect de soi. Pour que la gloire des individus devienne celle de la race, accordez votre louange à plusieurs; conférez les distinctions comme une indication de nouveaux progrès à faire; faites trouver dans votre éloge le témoignage de votre satisfaction, plutôt que la joie d'une distinction.

§ 30.

Si l'homme ressemble au fer par la force, il lui ressemble aussi par son affinité pour le soufre dont le contact opère la fusion du fer chaud. Les passions de l'homme sont faciles à enflammer. La passion seule est-elle capable de donner de la force? Les hommes les plus vigoureux de l'antiquité, les souverains ou les juges de leur temps et les modèles de tous les autres temps, sont sortis de l'école stoïcienne; et ils ne se servaient des passions que pour l'attaque.

Il en est de la lumière que projettent les passions, selon Helvétius, comme des écueils qui, dans la tempête, sont blanchis par l'écume des vagues et avertissent les navires. Ce sont des phares bien mobiles qui coûtent cher.

Formez donc autant que possible les enfants à l'école stoïcienne, moins par les paroles que par les exemples des vrais stoïciens de tous les temps. Mais pour qu'ils ne considèrent pas le stoïcien comme un sauvage stupide, montrez-leur que la plus pure flamme brûle dans le cœur de ces hommes dont la volonté persévère durant toute la vie et se manifeste non par les secousses de la passion, mais par une inspiration calme, paisible, comme celle de Socrate et de Caton II.

Cette volonté constante qui dompte les passions, fait présupposer, non un but isolé, mais un but final, une idée qui est comme le centre de tous les mouvements. Elle produit, non pas une grande action isolée, comme tout homme faible peut en accomplir, mais toute une grande et forte vie. On ne trouve pas dans la nature une seule montagne rocheuse, mais les montagnes se succèdent et forment une chaîne.

Une volonté persévérante ne peut se proposer qu'un but général, divin, que ce soit la liberté, la science, la religion ou l'art; plus le but est particulier, plus il est interrompu par le monde extérieur. L'animal n'est touché que par des particularités étroites; mais l'homme étend en espèces et en catégories le monde des sensations et des pensées, et l'idée embrasse tous les désirs dans un effort commun.

Aucune éducation ne peut enseigner cela, car c'est le moi le plus intime; mais toute éducation doit le présupposer et en être animée. La vie ne se transmet que par la vie; ce qu'il y a de meilleur dans l'âme ne s'allume que par l'exemple présent ou passé, ou par la poésie qui unit le présent au passé.

Le présent, c'est-à-dire ce qui vit, n'abonde pas en grands hommes. Nous les admirons, il est vrai, dans les guerres de l'indépendance qui élèvent l'âme et qui auraient suffi pour immortaliser Plutarque autant que celles de l'antiquité; mais Plutarque nous manque. La grandeur n'est pas méconnue, mais elle est oubliée; et même dans le plus beau présent, nous avons besoin du grand passé, comme les oiseaux de passage ont besoin du clair de lune pour voler dans des régions plus douces. On présente à l'enfant, comme des images de l'idéal, les parents, le précepteur et les hommes éminents de l'endroit. Mais ceux qu'il voit en déshabillé ne peuvent éveiller en lui le pur sentiment de l'admiration à la hauteur duquel brillent et se meuvent tous les idéals de l'enfance. Si les enfants doivent suivre de beaux modèles, pourquoi choisirait-on les plus obscurs au lieu des plus brillants?

Mais Clio, la muse du passé, vient à notre secours, ainsi qu'Apollon, son père. Inspirez l'enfant par le glorieux exemple des héros, des grands hommes, et l'idéal qui est inné en lui se réveillera et grandira.

Faites briller aussi l'idéal poétique devant ses yeux qui ne sont pas aveuglés par les deux plus grands idéals, celui que sa conscience lui ordonne de réaliser en lui, et l'idée de Dieu.

Campe insiste avec raison sur l'importance de présenter aux enfants le côté radieux de l'humanité; non pas, assurément, pour qu'ils apprennent à supporter la médiocrité, mais afin que cette lumière extérieure éclaire et pénètre leur matin. Ce que je regarde comme plus dangereux même que la représentation des monstres, c'est celle des caractères mélangés qu'on leur propose comme modèles. Autant vaudrait leur montrer comme tel leur propre nature. Cette morale leur enseigne à appliquer à eux-mêmes cette alternative de victoires et de défaites. Vous trouverez plus facilement dans les enfants eux-mêmes le texte de cette prédication sur l'indulgence pour les infirmités humaines.

Certains pédagogues nous objectent que ceci n'est excellent que dans le monde des romans, qu'il résulterait de cette exaltation un étonnement insensé en face du monde réel où l'enfant est destiné à vivre et qui est si peu conforme aux rêves de la jeunesse. Ils prétendent que la jeunesse doit s'accommoder au temps et au monde, ainsi que le fait l'âge mûr, et renoncer à ses images vaines. Vous laisserez donc entrer sans force dans la vie le pauvre être que le monde et le siècle vont affaiblir? Vous agissez comme si, des bas-fonds de la vie, on pouvait espérer une élévation graduelle. Le mal que vous voulez éviter, c'est que la jeunesse transfigure la réalité en idéal; mais un mal plus funeste, que vous tendez à réaliser, c'est qu'elle abaisse l'idéal jusqu'à la réalité. Cela ne se fait que trop sans nous. Le fleuve ne tarde pas à trouver la plaine et à porter ses fardeaux jusqu'à la mer, sans plus former de brillantes cascades. Qu'est-ce que l'avantage d'éviter quelques erreurs et quelques faux pas, comparé avec la perte immense d'une jeune âme qui entre dans la vie sans le feu sacré de la jeunesse, sans ailes, ni grandes aspirations? Comment la vie parviendrait-elle à la maturité sans cette flamme idéale? Ce que les hommes ont accompli de meilleur n'était que la réalisation des rêves de la jeunesse. N'avez-vous jamais été témoin d'une vie entière, dirigée par la sainte vision du printemps? Et par quoi remplacerez-vous ce guide divin, si ce n'est par l'égoïsme?

Qu'est-ce qui manque donc à l'homme? Ce n'est pas la force de s'immoler pour ce qu'il y a de meilleur. Qu'une divinité paraisse sur la terre, ainsi que la liberté en France, et l'homme se dépouillera de tout ce qu'il y a d'humain en lui, de tout ce qui n'est pas utile à la divinité. Ce qui lui manque, ce n'est pas la force, c'est la foi et la vue d'une divinité qui soit digne des plus sublimes sacrifices. Si un Dieu marchait à la tête de l'humanité, tous les hommes deviendraient des dieux. Mais si vous détruisez l'idéal, vous verrez disparaître en même temps les temples, l'autel et tout le reste.

§ 31.

La véracité, savoir celle qui a conscience d'elle-même et qui s'immole, est moins une branche que la fleur même de la force morale. Les âmes faibles sont forcées de mentir, qu'elles détestent ou non le mensonge. Un regard menaçant les fait tomber dans le piège. La différence entre notre siècle et le moyen âge consiste moins dans l'impiété, la dureté et la volupté que dans le manque de véracité; on ne dit plus : une parole, un homme, parce qu'on est forcé de dire : un homme n'est qu'une parole. Le premier péché sur la terre, — heureusement, c'est le diable qui l'a commis à l'arbre de la science, — le premier péché a été un mensonge; et le dernier sera aussi un mensonge; et le monde paye l'accroissement du nombre de ses vérités de la perte de la véracité.

§ 32.

Le mensonge qui est la ruine de l'homme intérieur, est plus sévèrement condamné par le sentiment des nations que par les philosophes. Les Grecs qui permettaient à leurs dieux tout ce que se permettent aujourd'hui leurs images, les dieux de la terre, les condamnaient, pour le parjure, à passer une année sans vie dans le Tartare, et à supporter ensuite neuf années de supplices. L'ancien Perse enseignait pour toute morale à son enfant la véracité.

La haine des paroles fausses n'est pas uniquement fondée sur le préjudice qu'elles causent à la confiance et aux droits mutuels, puisque l'homme aime mieux mentir en action qu'en parole. L'acte, le geste et le silence mentent plus souvent que la langue que l'homme cherche à préserver du mensonge comme d'un symptôme de la déchéance de l'homme intérieur. Ne sommes-nous pas assez habitués au mensonge par tant de fictions *utriusque* (du droit et de la poésie), par des articles de politique secrète, des restrictions, des cérémonies, des comédies, etc., pour ne plus nous scandaliser quand un homme ment par ses paroles? Que d'altérations de la vérité partout, depuis Londres autrefois si puritain et où les trois quarts de la monnaie courante sont faux, jusqu'à Pékin où l'on trompe les acheteurs par toutes sortes de subterfuges. La parole est au-dessus de l'acte, la langue au-dessus de la main, puisque le militaire et le courtisan rougissent moins de tromper et de faire banqueroute que d'articuler un mensonge, et que les gens du monde et même les moralistes se permettent l'équivoque dans leurs actions, tandis qu'ils ont horreur de mentir par leurs paroles.

§ 33.

Qu'est-ce qui rend le mensonge si impie? C'est que les êtres cachés les uns aux autres par une épaisse charpente osseuse, qui leur permet seulement de manifester leur vie par le mouvement, ne deviennent sensibles que par la parole, cette raison incorporée, cette liberté intelligible. La parole est le lien des âmes.

Si mon semblable ment, son moi m'est dérobé, il ne reste plus de lui que la statue de chair. Quoi qu'elle puisse dire, cela n'a pas plus de sens pour moi que les mugissements du vent qui n'expriment aucune douleur. Une parole peut anéantir ou expliquer une action, mais la réciproque est plus difficile; et ce n'est qu'une suite d'actions qui enlève à la parole son aiguillon ou qui le restitue à la langue. Tout le palais enchanté de la pensée de l'homme est rendu invisible pour moi par une syllabe mensongère qui engendre tous les autres mensonges. En outre, le mensonge d'autrui est une atteinte portée au tout : il substitue à mon moi une machine, à mes vérités des erreurs, et il rompt toute communication entre les esprits.

§ 34.

Mais revenons à nos chers enfants! Dans les cinq premières années de leur vie, ils ne prononcent pas une seule parole de vérité ni de mensonge, ils parlent seulement. Leur parole est une pensée à haute voix ; mais une partie de leur pensée étant un oui, tandis que l'autre est un non, et que l'un et l'autre leur échappent, ils semblent mentir quand ils ne s'entretiennent qu'avec eux-mêmes. De plus, ils aiment d'abord à jouer avec l'art de la parole qui est nouveau pour eux ; ainsi disent-ils des choses insensées uniquement pour s'entendre parler. Souvent ils ne comprennent pas tel ou tel mot de votre question (les plus jeunes, par exemple, confondent aujourd'hui, demain, hier, ainsi que les nombres et les degrés de comparaison), et ils font plutôt une réponse erronée que mensongère.

La véracité est une fleur divine dont les racines sont terrestres ; c'est pourquoi elle n'est pas la première, elle est la dernière vertu. Le sauvage, dans sa simplicité, trompe par ses paroles et ses actions ; le moindre danger suffit pour faire mentir le paysan qui cependant se ferait un scrupule de manquer à sa parole. Et vous voulez exiger de l'enfant que vous avez l'intention d'élever, le fruit le plus délicat de l'éducation ? Vous reconnaissez que vous vous êtes trompé, en voyant parfois que des enfants menteurs sont devenus des hommes sincères.

Le mensonge se rapporte à l'avenir ou au passé ; le premier mensonge a lieu lorsque l'enfant poursuit l'objet de ses désirs, le second, lorsque la crainte lui fait nier ses actes. Que faut-il faire à l'égard de l'un et de l'autre ?

§ 35.

Que faut-il faire pour prévenir l'un et l'autre ? Telle est la question.

L'enfant, ébloui par le vif éclat de son moi qui l'enferme étroitement, reçoit par un autre moi la perception de la moralité ; il ne reconnaît bien que la laideur des mensonges qu'il entend, mais il n'a pas conscience de celle de ses propres mensonges. Montrez-lui donc le trône de la vérité à côté de l'abîme de la fausseté chez les autres ; soyez ce que vous lui commandez d'être, et répétez très souvent que vous ne faites les choses indifférentes que parce que vous l'avez promis. Le père qui est, aux yeux de son enfant, un monarque universel, agit puissamment sur son jeune cœur s'il est l'esclave de ses promesses. Quand l'enfant a promis une chose, rappelez-lui souvent sa promesse ; et, au besoin, contraignez-le de la tenir. Quand il a commis une faute, ménagez-le délicatement. Il faut à la véracité la liberté. Plus l'éducation laisse de liberté, plus l'enfant sera sincère. Il en a été ainsi de tous les peuples qui ont aimé la vérité. *Romanizare* signifiait mentir quand les Romains étaient esclaves.

Que ce ne soit pas la remise de la peine qui soit le prix de la véracité, car l'enfant n'en deviendrait pas plus sincère. Quand vous êtes forcé de l'interroger, faites-le avec douceur, et annoncez au menteur deux fois plus de souffrances qu'il n'en voulait éviter. Quand le mensonge est prouvé, prononcez la condamnation avec toute l'horreur que vous ressentez pour ce péché contre la nature humaine et contre le Saint-Esprit. Au mensonge seul il conviendrait de réserver une punition solennelle, qui cependant doit être levée avec autant de solennité. Les Iroquois noircissent le visage de celui qui ment en louant un héros. Les Siamois cousent ensemble les lèvres des femmes menteuses, comme si c'étaient des blessures béantes. Je ne suis pas de l'avis de Kant et de Rousseau qui punissaient l'enfant menteur en ne croyant pas à sa parole pendant un certain temps. De cette manière le juge ment lui-même pour punir le mensonge.

Ne commandez pas la discrétion à l'enfant dans les six premières années, même quand il s'agit d'une joie que vous préparez à une personne aimée; dans l'enfance rien ne doit fermer le ciel ouvert de la franchise, pas même l'aurore de la pudeur; vos secrets leur enseigneraient la dissimulation. La vertu héroïque de la discrétion a besoin de la force que donne la maturité de la raison; la raison seule apprend à se taire, le cœur apprend à parler.

Qu'on ne défende pas non plus à l'enfant de demander, au moins dans les cinq premières années. Les désirs sont-ils donc des péchés? Le silence qui les contient donne l'habitude de la dissimulation. Il est plus facile aussi de refuser immédiatement une grâce que de la refuser après une longue attente. Mais la mère interdit les demandes parce qu'elle n'a pas le courage de prononcer un non décisif, ferme et irrévocable.

N'exigez pas de l'enfant une prompte réponse, afin de lui laisser le temps de la réflexion sans laquelle il pourrait donner une réponse précipitée et mensongère qu'il soutiendrait par un mensonge nouveau. Rappelez-vous aussi que l'enfant a une meilleure mémoire que vous surtout lorsqu'il s'agit de l'exercer contre vous, et que vous devez le ménager en évitant même l'apparence d'une inexactitude.

Nos ancêtres représentaient chaque mensonge comme un parjure, en rappelant sans cesse aux enfants la toute présence de Dieu; et pourquoi ne leur ferions-nous pas sentir de même toute la gravité du mensonge?

Enfin, la véracité étant la fleur de la vie morale, défendez-la contre toutes les influences qui pourraient la flétrir. Donnez de la liberté, épargnez les tentations inutiles, évitez les habitudes qui abaissent l'âme.

§ 30.

J'ai dit que l'amour tend à l'extérieur comme la dignité se tourne vers l'intérieur. On n'a pas encore approfondi l'amour que les romanciers, ainsi que les femmes égoïstes, ont confondu avec la passion. Certains philosophes font de l'amour un instinct dont ils ne comprennent pas la profondeur et qu'ils subordonnent à l'impératif catégorique, considérant l'amour et la poésie comme des ailes superflues. Platon, Hemsterhuis, Jacobi, Herder et un petit nombre de leurs imitateurs ont seuls introduit l'amour dans la philosophie. Celui qui appellerait l'amour la morale positive ne serait pas condamné par Jésus-Christ, qui a créé la première religion de l'amour au sein du judaïsme qui professait la haine des nations, et dans un temps qui haïssait l'humanité.

§ 37.

L'amour est une force innée qui est inégalement distribuée; il y a des âmes à sang chaud et des âmes à sang froid. Certains hommes sont nés chevaliers de l'amour du prochain; d'autres sont des neutralités armées contre l'humanité. Que l'amour soit un buisson ardent ou simplement une étincelle, l'éducation doit veiller sur cette force, soit pour la contenir, soit pour la développer.

L'enfant commence par l'égoïsme qui, en lui, ne nous blesse pas plus que dans l'animal, car au début de la vie, le moi est encore trop obscurci et assujetti par la vie animale pour être pénétré par un autre moi. L'enfant ne peut rien concevoir d'inanimé; il met son âme en tout.

L'amour vit déjà dans l'enfant à l'état d'instinct et ce feu central se manifeste sous la forme de la pitié, mais il n'en est pas toujours ainsi. L'enfant reste souvent froid en présence des souffrances de l'animal et même des créatures humaines, quand ces souffrances ne se révèlent pas à lui par des cris de douleur.

Mais le soleil vient réchauffer le monde ; la plénitude

de la force déborde dans l'amour. Le cœur s'attendrit, et l'éducation n'a plus qu'à contenir l'exubérance du moi. En diminuant l'égoïsme, on prépare l'enfant à tous les sentiments affectueux. Ouvrez son cœur à la vie d'autrui, et enseignez-lui à respecter la vie en général.

Il y a des individus, des peuples même, qui passent sans s'être jamais mis à la place d'autrui ; aussi est-il bien difficile de faire sortir l'enfant de lui-même pour songer aux autres.

§ 38.

La vie animale aussi doit être sacrée à l'enfant. Qu'on lui donne le cœur d'un Hindou plutôt que celui d'un philosophe cartésien.

Il s'agit ici de quelque chose de supérieur à la compassion pour les animaux. Que toute vie, même celle des êtres privés de raison, soit sacrée pour l'enfant, qu'on lui inspire l'amour des animaux ! qu'on les lui représente comme les anagrammes de l'homme ! Qu'il voie dans le chien un vieil homme barbu. Que les infiniment petits soient rapprochés de son œil et de son cœur par le microscope. Si l'on estimait la vie selon la mesure du recrutement, l'éléphant et la baleine seraient bien supérieurs à nous. Ce préjugé disparaît dans l'infinitude qui est la même dans toute vie.

Leibnitz replaça sur une feuille, sans le tuer, l'insecte qu'il venait d'étudier ; que ce soit là pour l'enfant une loi. L'école stoïcienne disait : « Quiconque tue un coq sans nécessité est capable de tuer son père » ; et le prêtre égyptien regardait comme une impiété de tuer un animal, à moins que ce ne fût pour le sacrifice. Nous voyons dans ces faits le respect de la vie.

Rattachez pour l'enfant toute vie à l'humanité, et les grandes choses lui révéleront les petites. Animez toutes choses, même les fleurs qu'il détruit inutilement. Apprenez-lui à respecter la vie qui, partout, est la création de Dieu. L'amour des animaux a encore, comme l'amour maternel, cet avantage, qu'il n'est pas égoïste, qu'il n'attend rien en retour.

Le temps viendra certainement où les brahmines, amis des animaux, apparaîtront aussi dans le nord; où le cœur, après s'être dépouillé des péchés grossiers, renoncera aussi aux péchés les plus subtils.

§ 39.

Si l'amour est ce qu'il y a de plus élevé, à quoi aspirerait-il sinon à ce qu'il y a de plus élevé? Un cœur ne peut être aimé que par un autre cœur, qui est le plus beau joyau. Il n'y a que les excroissances du moi qui puissent nous rendre inaccessibles au pur amour d'autrui.

Vous révélez à l'enfant l'amour par les tendres paroles et les caresses de la mère. Le regard, l'accent exprime l'amour mieux que le don. Qu'on fasse contempler aussi à l'enfant le spectacle des affections partagées, en évitant d'exciter sa jalousie par tout ce qui est excessif.

Si l'amour n'était pas inné en nous, nous serions incapables de haïr. La haine en nous, comme dans les animaux, paraît avant l'amour et elle est plus forte que lui. Si le cœur n'est, comme la terre, selon Descartes, qu'un soleil encroûté, brisez la croûte, et sa lumière et sa chaleur se feront sentir; c'est-à-dire, faites connaître à l'enfant l'amour par ses propres actes; donnez-lui l'occasion de faire quelque chose pour vous, afin qu'il aime; car dans l'enfant l'acte fait naître le penchant, comme dans l'homme le penchant engendre l'acte. Vous excitez l'enfant à la charité, moins par le tableau de la souffrance d'autrui que par celui de la joie; car il y a dans le jeune cœur un si riche trésor d'amour, que c'est plutôt la conviction de pouvoir faire plaisir que la promptitude à agir qui lui fait défaut; c'est pourquoi l'enfant ne veut pas cesser de donner une fois qu'il a commencé. Que les parents récompensent par le témoignage de leur approbation l'enfant qui a procuré une joie à autrui : c'est là un levier dont on n'use pas assez dans l'éducation. La satisfaction d'avoir fait une action qui ne lui était pas commandée, réchauffe son cœur, sans lui donner de l'orgueil.

Parents, apprenez à aimer, et vous n'aurez pas besoin des dix commandements; apprenez à aimer, et votre enfant aura une vie riche qui grandira toujours. Apprenez à aimer, dis-je, ce qui signifie : aimez vous-mêmes.

§ 40.

Quel est le lien entre l'amour et la dignité? Qu'est-ce qui empêche le moi de se perdre dans l'amour ou de se glacer dans la dignité? C'est la religion.

Vous donnez des leçons de morale, ne les discontinuez pas. La vie est un constant prédicateur. Vous pouvez enseigner la science à de certaines heures, vous pouvez même éveiller le génie. Mais comment un cœur desséché pourrait-il faire circuler le sang? Le cœur est le génie de la vertu; la morale en est l'esthétique.

Lavater a dit : « Tout homme a ses moments diaboliques. » Ne soyez donc pas troublés si l'enfant a ses mauvais comme ses bons moments. Vous seriez plus en droit de désespérer des adultes que des enfants. Car ceux-ci vous confondent tellement par la manifestation de tous les sentiments et de tous les désirs, par la sensibilité de leur âme qui vibre à toutes les impressions, que vous perdez de vue l'accord parfait, tandis que chez ceux-là une dissonance passagère fait présumer tout un instrument dérangé.

Nous tenons nos enfants trop éloignés des autres dans la crainte qu'ils ne subissent de mauvaises influences. Le beau et le bien ont-ils quelque valeur s'ils se flétrissent au premier contact ? Si nous avons bien élevé nos enfants jusqu'à leur sixième année, de mauvais exemples n'effaceront pas en eux plus de bien qu'ils n'en feront naître. C'est la persistance de l'exemple qui corrompt les enfants ; et surtout l'exemple des personnes qu'ils estiment le plus, celui de leurs parents et de leurs maîtres, parce qu'ils sont la conscience extérieure des enfants dont ils troublent par leurs fautes la conscience intérieure.

QUATRIÈME FRAGMENT

DIGRESSION SUR LE COMMENCEMENT DE L'HOMME ET DE SON ÉDUCATION. — GAIETÉ DES ENFANTS. — JEUX. — DANSE. — MUSIQUE. — COMMANDEMENTS, DÉFENSES. — PUNITIONS. — FOI DES ENFANTS.

Où commence l'éducation? Au premier souffle de l'enfant. L'éclair de l'âme que nous appelons vie, sans que nous sachions de quel nuage lumineux il descend, frappe la matière et dissout cette masse inanimée pour s'en faire une demeure qui brûle jusqu'à ce que la mort introduise l'âme dans un autre monde. Dans ce rapide instant, l'invisible rayon du moi a produit les phénomènes corporels, les inclinations, le sexe, l'image du père et de la mère.

A tous les degrés de l'immense et obscure échelle de l'avenir, sur laquelle se meuvent les hommes, la conscience nous dit : « Ici s'élève un homme, là peut-être un génie, le ciel d'une nation. » Mais comme les somnambules, pour ménager le connu, nous sommes contraints de porter atteinte à l'inconnu.

Puisque les parents contribuent pour une si large part à la création du corps de l'enfant; l'on ne saurait s'interdire la question difficile de savoir jusqu'à quel point ils coopèrent à la théogonie de son esprit. Les inégalités morales des êtres ne sont pas le résultat des inégalités physiques. Il nous est plus facile de comprendre celles-ci que celles-là; dans les unes on ne considère que la quantité apparente, dans les autres l'inégalité est réelle et dépend de la qualité. Les esprits seuls grandissent en effet. A moins d'admettre que cette étincelle du moi tombe des étoiles ou des nuages, elle a dû se dépouiller, au moment même de revêtir la forme humaine, d'une première forme transmise par les parents, et, comme la pensée, elle a été engendrée par les âmes. La création des esprits ne serait pas plus difficile à concevoir que la création des pensées par les esprits. Jusqu'à quel point l'esprit des parents se transmet-il aux enfants? Si tu savais qu'une bonne ou une mauvaise pensée peut se détacher de ton âme pour s'enraciner ailleurs et porter des fruits pendant des siècles, comme tu t'efforcerais de bien penser et de bien choisir! Mais es-tu bien sûr du contraire?

§ 41.

Je reviens à mon opinion, savoir que l'éducation ne commence qu'à la naissance. La mère n'a d'autre parenté que celle du sang avec l'enfant qui sommeille au seuil du monde. Je ne crois pas à l'existence de cette sorte de chaîne électrique par laquelle les courants et les étincelles des passions et des sentiments de la mère se transmettent à l'enfant.

La meilleure preuve de cette conclusion physiologique c'est qu'elle est superflue, car l'expérience la démontre. S'il était vrai que la mère exerce, sur des êtres sans défense, une autre influence que celle d'une nourrice, quelles tristes créatures seraient envoyées dans le monde après une mauvaise éducation de neuf mois pendant lesquels la mère accumule toutes les faiblesses physiques et morales de la nature féminine, pendant lesquels le cerveau de l'enfant et son système nerveux sont le plus impressionnables; dans ce cas, il n'y aurait plus d'hommes. Mais il n'en est pas ainsi : la femme donne le jour à des hommes, ainsi que le nuage léger produit le tonnerre et la grêle. Si la mère imprégnait si puissamment de son être moral l'âme de l'enfant, d'où proviendrait la différence des caractères entre les enfants issus d'une même mère?

§ 42.

Le premier souffle, comme le dernier, referme un vieux monde pour en ouvrir un nouveau. Le nouveau est celui de l'air et des couleurs; la vie terrestre commence, ainsi que le dessinateur, par l'œil. L'oreille, il est vrai, a précédé l'œil, car l'ouïe est le premier sens des vivants, et le dernier des mourants. Le son se présente plus confus que la lumière à l'âme encore enveloppée. Le matin de la vie commence, pour le captif mis en liberté, ainsi que le matin du jour, par la lumière et le chant ou le bruit. La lumière est la première parure de la terre, le premier beau langage de la vie. Le monde des sons commence par un cri de douleur, tandis que celui de la vision commence par l'éclat et le charme.

Tout ce qui est premier reste éternellement dans l'enfant : la première couleur, la première harmonie, la première fleur forment le premier plan de sa vie; nous ne connaissons encore à cet égard qu'une seule loi, savoir : protégez l'enfant contre tout ce qui est violent et fort, même contre les tendres émotions. Sa nature faible, impressionnable, peut être dérangée par une seule méprise, de manière à n'être plus qu'une difformité.

§ 43.

Si l'on pratiquait des sections dans l'âme humaine et que l'on y marquât des degrés de longitude et de latitude, on formerait une première section des trois premières années pendant lesquelles l'ignorance de la langue artificielle enferme l'enfant dans la vie animale, d'où il ne communique avec nous que par les signes naturels. Dans cette période où l'enfant est privé du langage, il est entièrement livré à celui des femmes; avant de leur dire comment elles doivent l'élever, il faudrait examiner de quelle manière il conviendrait de les élever elles-mêmes. Durant ce crépuscule, qu'on laisse croître la lumière sans essayer de l'allumer soi-même! L'homme tout entier n'est encore qu'un bourgeon bien formé dont la fleur est soigneusement couverte. Ainsi que les œufs des oiseaux chanteurs et des rapaces, ainsi que le jeune poussin, tous ne réclament alors que de la *chaleur*.

Et qu'est-ce que la *chaleur* pour l'enfant, sinon la *gaieté*. Il suffit de faire place au jeu, d'écarter la tristesse, pour que toutes ses forces entrent en activité. Le nouveau monde qu'apporte le nourrisson, et le nouveau monde qu'il trouve, se déroulent en enseignements et sont saisis par l'intelligence; ces deux mondes n'ont pas encore besoin d'être labourés et ensemencés par une main étrangère. La vie si riche et si bien diversifiée exerce les sens avec une force et une constance qui rend les autres exercices inutiles, à moins qu'il ne s'agisse de convertir l'enfant en un seul sens, soit l'œil d'un peintre ou l'oreille d'un musicien. Les exercices artificiels pourraient donner à l'enfant l'habitude d'apprécier les sensations plus délicates. Cependant le monde intérieur serait une meilleure école que le monde extérieur. Qu'on se dispense surtout des exercices du goût que la cuisine forme suffisamment, car il ne s'agit pas encore de distinguer entre les poisons et les aliments nécessaires à la vie.

L'*odorat* s'éveille avec la connaissance, c'est-à-dire le dernier. Ses débuts passent plus inaperçus, parce qu'il sert peu aux besoins de la vie. De tous les sens, c'est celui qui s'éteint le premier, bien qu'il ne s'émousse point par la surexcitation, ainsi que d'autres sens. Qui n'a senti se réveiller dans l'âge mûr le souvenir des ravissements de l'enfance en respirant le parfum des fleurs des bois, qui nous ramène à l'aurore de nos premières et confuses sensations. Ce souvenir ne pourrait nous enivrer si la sensation n'avait été forte et profonde. Les années ne servent qu'à la raffiner.

§ 44.

Comment ne donnerait-on pas la gaieté à l'enfance? Je me figure un homme triste, non un enfant triste; en quelque lieu que l'homme s'enfonce, il peut élever les yeux vers le domaine de la raison ou de l'espérance; mais le pauvre petit enfant se noie dans une seule goutte d'amertume.

L'enfant, ainsi que l'animal, ne connaît que la douleur pure, mais courte, une douleur sans passé ni avenir; une douleur à laquelle ne se mêle aucun sentiment de culpabilité. Toutes les peines de l'enfance ne sont, il est vrai, que les nuits les plus courtes, de même que toutes ses joies sont les jours les plus brillants. Aussi plus tard, l'homme ne se souvient-il que des joies de l'enfance, tandis qu'il semble en avoir oublié toutes les peines. Mais dans les rêves de la fièvre, ce sont les terreurs qui sortent de leurs sombres retraites pour accabler et déchirer l'âme. Les belles scènes du rêve ne paraissent que plus tard; tandis que les images terribles hantent le berceau et la chambre des enfants. Tout ce qui a oppressé le tendre cœur de l'enfant, la peur des revenants, les châtiments des parents et des maîtres, se présente à lui dans le sommeil de la fièvre. La première terreur est plus funeste dans les tendres années : le ciel étroit du berceau est plus facile à obscurcir que le ciel étoilé de l'homme.

§ 45.

La gaieté ou la joie est le ciel sous lequel tout prospère, excepté la passion. Mais qu'on ne la confonde pas avec le plaisir. Chaque plaisir, même celui que procure une œuvre d'art, est plus ou moins égoïste et enlève à l'homme la sympathie ; le plaisir est donc une condition du besoin, non de la vertu. La gaieté au contraire, l'opposé du mécontentement et de la tristesse, est à la fois le sol, la fleur de la vertu et sa couronne. Les animaux peuvent jouir, mais l'homme seul peut être gai. Dieu est bienheureux. Un Dieu chagrin est une contradiction, c'est le diable. Le philosophe stoïcien doit allier le dédain du plaisir à la constante gaieté. Le ciel chrétien ne promet pas les jouissances du ciel mahométan, mais le pur et limpide éther de l'infinie joie céleste, qui résulte de la contemplation de l'Éternel. Le paradis auquel les plus anciens théologiens refusaient les plaisirs, non la gaieté, abritait l'innocence. L'homme content attire notre regard et notre cœur que le mécontent repousse ; tandis que nous nous éloignons de l'homme qui jouit pour nous rapprocher de celui qui souffre.

§ 46.

Mais revenons aux enfants ! Il faut qu'ils aient leur paradis, comme les premiers parents qui étaient aussi les premiers enfants. Les plaisirs ne font pas le paradis, ils ne servent qu'à le détruire. Les jeux, c'est-à-dire l'activité, non les plaisirs, rendent les enfants gais. J'entends par plaisir toute première sensation agréable ; un jouet donne d'abord du plaisir par son apparition, puis de la gaieté par l'usage. Le plaisir est un point ardent, ce n'est pas une chaleur qui enveloppe. Les jouisseurs raffinés augmentent leur plaisir par le passé et l'avenir; mais les enfants ne disposant ni de l'un ni de l'autre, n'ont que de courtes mais fortes jouissances; leur instant, ainsi que leur œil, est plus petit que le nôtre. Des plaisirs modérés agissent sur les jeunes âmes en fortifiant leur activité.

La gaieté, cet attribut de l'être libre, cette joie intime qui rend l'enfant accessible au tout, épanouit toutes les facultés naissantes comme les rayons du matin et donne de la force, tandis que la tristesse l'enlève. C'est une charmante légende que celle qui prétend que la Vierge Marie et le poète Tasse n'ont jamais pleuré dans leur enfance.

Mais quels sont les moyens de donner et de conserver à l'enfant cette gaieté? Tous les plaisirs arrivent successivement à celui qui naît au printemps. Pourquoi les hommes ne commencent-ils pas la vie par le printemps ainsi que les peuples orientaux commencent l'année? La vie serait une suite de plaisirs; l'enfant passerait d'un attrait à l'autre, de la verdure aux fleurs, de la chaleur de la serre à celle du ciel. L'air n'est pas encore son ennemi: au lieu de la tempête, il entend des mélodies dans les arbres, il contemple la richesse de la terre, et la joie de la vie circule dans son jeune cœur.

§ 47.

Ce qui donne et entretient la gaieté et le bonheur, c'est l'activité. Les jeux de l'enfant ne sont que les manifestations d'une activité sérieuse. On pourrait classer les jeux en deux catégories, ceux qui tiennent à la perception, et ceux qui tiennent à l'action. La première comprendrait les jeux où l'activité plus extérieure est celle des sens; la seconde, ceux qui mettent en activité les nerfs locomoteurs.

A la première classe appartiendraient tous les jeux théoriques : la physique expérimentale, l'optique et la mécanique ; à la seconde, les jeux pratiques, dans lesquels la fantaisie se traduit par des mouvements. On pourrait indiquer une troisième classe de jeux, savoir, ceux dans lesquels l'enfant est passif, il regarde par la fenêtre, se couche sur l'herbe, écoute sa nourrice et les autres enfants.

§ 48.

Le jeu est d'abord l'excédent des forces physiques et intellectuelles ; plus tard, le sceptre de l'école ayant dépouillé celles-ci de tout leur feu, l'exubérance de la vie ne se manifeste plus que par l'exercice corporel. Le jeu est la première poésie de l'homme : il développe toutes ses forces sans donner la prédominance à aucune. Nous nous flattons parfois de régler par nos procédés le hasard extérieur, quand c'est un hasard intérieur plus étroit qui a déterminé en nous ces procédés.

§ 49.

D'abord l'enfant est incapable de jeu créateur, exigeant des efforts. L'âme ne cherche qu'à voir, entendre et saisir, elle est débordée et ne sait pas encore se servir de ses matériaux.

Dès qu'elle a pris possession du monde par l'intermédiaire des cinq sens et que, par degrés, elle se sent libre, elle déploie aussi dans le jeu la liberté personnelle. L'imagination se réveille pour se revêtir de langage. C'est par la parole que l'enfant conquiert un monde intérieur d'après lequel il fait mouvoir le monde extérieur. Il y a deux sortes de jeux qui diffèrent par le but et le temps.

§ 50.

Il commence par jouer avec les objets, ensuite avec lui-même. Une poupée est pour lui un peuple ou une troupe d'acteurs ; et il est à la fois l'auteur dramatique et le régisseur. L'imagination est plus créatrice dans l'enfance, où les peuples aussi créent leurs dieux et ne parlent que la langue poétique.

Dans l'animal, le corps seul joue ; dans l'enfant, c'est l'âme aussi. L'heureux être ne comprend que la vie et il anime toutes choses.

Mais l'imagination s'appauvrit à mesure que le monde réel de l'enfant s'enrichit.

§ 51.

Si les hommes sont faits pour les hommes, les enfants le sont pour les enfants, mais ils sont bien plus beaux que les hommes. Dans les premières années, ils ne sont les uns pour les autres que le complément de la fantaisie. Mais le premier lien de la société ne tarde pas à se former entre eux, et c'est une chaîne de fleurs. Les enfants qui jouent sont de petits sauvages européens qui forment un contrat social en vue du jeu. C'est dans le libre état de ses égaux que l'enfant déploie ses forces, sa résistance, qu'il apprend à donner, à pardonner ; c'est là que s'épanouit et mûrit la fleur de toutes les vertus sociales. Dressez les enfants par les enfants. L'entrée d'un préau est pour eux celle du monde, et c'est le commerce de leurs semblables qui développe leurs forces intellectuelles. C'est dans le jeu qu'ils apprennent la pratique humaine. Les parents et les maîtres sont toujours pour eux ces dieux étrangers qui, selon la croyance de beaucoup de peuples, sont venus instruire et assister les premiers hommes nés sur la nouvelle terre; du moins sont-ils pour ces nains des Titans. Dans cette théocratie et cette monarchie, la résistance leur est interdite; et on leur fait un mérite de leur foi et de leur obéissance. Si vous voulez former un valet, attachez l'enfant pendant quinze ans au bras et au talon d'un précepteur qui sera à la fois le directeur du spectacle et un membre actif de cette troupe de deux personnages. Comme tous les esclaves, l'enfant défendra peut-être son œil et son cœur contre cette individualité unique; mais dans l'avenir il se sentira perdu en présence du grand nombre d'individualités, étant habitué à ne vivre que dans un seul climat, à ne naviguer que sous un seul vent.

§ 52.

Le maître agit comme si la véritable vie de l'homme n'était pas encore commencée dans l'enfant, et il attend ce début jusqu'au moment de sa mort. Il se figure qu'aussi longtemps qu'il marche dans le sillon pour semer, le temps de la floraison n'est pas encore venu. Car l'homme, inspiré par un tout intérieur, a besoin d'un tout extérieur qu'il place à l'horizon lointain, et toujours cet horizon fuit. Ainsi atteint-il la vieillesse et au-dessus de sa tombe, le ciel touche une dernière fois la terre. Le tout de la vie n'est donc nulle part, ou il est partout. Là où est un homme, commence, non le temps, mais l'éternité! Par conséquent, le jeu et l'activité des enfants ont autant d'importance pour l'avenir que notre activité!

§ 53.

Si l'on voulait faire des propositions, c'est-à-dire exprimer des vœux, on pourrait émettre le vœu que l'enfant fût placé dans un petit monde où il trouvât les individualités, les conditions, les âges les plus divers, afin de se préparer dans cet *orbis pictus* pour le monde réel.

Les enfants aiment particulièrement les jeux dans lesquels ils ont quelque chose à craindre ou à espérer ; ainsi le poète joue de bonne heure avec le nœud et le dénouement. De temps en temps ils réclament de nouvelles cartes, ainsi que les forts joueurs quand ils sont malheureux. Cette inconstance n'est que l'effet de leur rapide développement ; ils cherchent de nouveaux fruits dans de nouvelles régions ; et, n'ayant ni avenir ni passé, ils sont plus fortement saisis et épuisés par le présent. Les heures de jeu sont des années pour cet être à courte vue : il faut donc lui pardonner le besoin de jeux nouveaux. Sa constance d'une heure équivaut à une constance d'un mois de la part de ceux qui le dirigent.

De même que la nature interrompt par la nuit calme et réparatrice la succession des joies que nous ne nous lassons pas de désirer, l'éducateur sage et prudent procure aux enfants ce repos au milieu des plaisirs, afin de lui épargner dans l'avenir la souffrance des gens du monde rassasiés par un jour sans fin.

Les premiers jeux doivent favoriser le développement intellectuel, puisque la nature physique marche à grands pas ; les autres doivent contribuer au développement physique pendant les années d'école. Que l'enfant écoute, chante, contemple ; que le jeune garçon ou la jeune fille coure, grimpe, et supporte la chaleur et le froid.

Le jeu le plus beau et le plus riche, c'est le langage, d'abord celui de l'enfant avec lui-même, et plus encore celui des parents avec lui. Vous ne pouvez trop parler à l'enfant dans le jeu et la gaieté, ni trop peu pendant le châtiment et la leçon.

Il vaut mieux ne pas établir de règlement de jeu que

de s'y tenir strictement. Les animaux et les sauvages ne connaissent pas l'ennui; les enfants n'en auraient jamais si l'on ne se préoccupait pas trop de l'éloigner. Que l'enfant fasse dans le jeu l'essai de sa vie future; et cette vie ne pouvant être exempte d'ennui, qu'il apprenne à supporter parfois l'ennui pour ne pas en mourir plus tard.

§ 54.

Je ne sais pas si je dois plus détester les bals des enfants que vanter leurs danses. La danse devrait précéder de beaucoup l'art de danser. Que le père qui possède un vieux piano, un violon ou une flûte, réunisse ses enfants et leurs camarades pour les faire danser à leur guise. Dans l'enfant, la joie danse encore, tandis que dans l'homme elle sourit ou pleure. L'homme fait n'a le droit d'exprimer dans la danse que la beauté de l'art, non ses impressions. Chez l'enfant, l'âme et le corps vivent encore dans l'harmonie, et le corps saute pour accompagner l'âme heureuse, jusqu'à ce qu'ils se séparent.

Il n'y a pas de meilleur exercice pour les enfants que la danse, cette poésie du corps qui ménage tous les muscles et les développe également.

§ 55.

En outre, la musique qui l'accompagne donne à la fois au corps et à l'esprit l'ordre métrique qui règle les mouvements et les pensées. La musique est la mesure de ce mouvement poétique : c'est une danse invisible, comme la danse est une musique muette.

La danse ne peut venir assez tôt, mais le maître de danse vient presque toujours trop tôt.

§ 56.

La musique, le seul art dont jouissent, avec l'homme, toutes les classes d'animaux, doit saisir puissamment l'enfant, qui réunit en lui l'homme et l'animal.

On devrait appeler la musique l'art de l'allégresse, plutôt que la poésie. Elle ne donne aux enfants que le ciel, car ils ne l'ont pas encore perdu, et ne mettent pas encore de sourdine aux sons par le souvenir. Choisissez des airs et des modes doux : vous égayerez l'enfant par toute espèce de mélodies. Certains peuples sauvages, et d'autres vigoureux et gais, tels que les Grecs, les Russes et les Napolitains, ont écrit leurs chants populaires dans le mode mineur.

§ 57.

Mais c'est surtout la voix qui doit être l'instrument de l'éducation. Dans l'enfance des peuples, la parole était le chant; il en doit être de même des individus. Dans le chant, l'homme, la voix et les cœurs sont un; tandis que les instruments semblent lui prêter seulement leur voix. C'est surtout par les accents du cœur que le maître attire doucement à lui les enfants.

§ 58.

Je ne crois pas, comme Rousseau, que la volonté des parents puisse et doive assumer l'apparence du destin. Les récompenses et les punitions par les conséquences physiques, c'est-à-dire toute l'éducation de Rousseau, ruinerait un homme fait pour en former un nouveau.

Comment l'enfant pourrait-il sentir la nécessité s'il n'avait pas d'abord le sentiment de la liberté qu'il doit trouver chez ses égaux aussi fort que chez lui. L'enfant, procédant de lui-même, conclut que tout est libre, même la matière inanimée, et il s'irrite de toute résistance, comme si elle était consciente. Le chien mord la pierre qui lui fait obstacle, l'enfant frappe l'un et l'autre, le sauvage voit dans l'orage une guerre, allumée et conduite par des esprits. L'enfant voit dans tout événement une action, dans tout obstacle un ennemi. Et l'homme ne reconnaît-il pas, à travers toute une vie, la puissance inflexible de la nature, sans toutefois s'y soumettre sans plainte quand elle termine irrévocablement cette vie? Pourquoi les conséquences physiques sont-elles un moyen d'éducation, si ce n'est à cause de la constance de la nature? Que le libre arbitre paraisse donc à l'enfant aussi logique et constant! Alors il conçoit une plus haute nécessité que la force aveugle. Aucune n'exerce à la patience autant que la nécessité morale de la volonté d'autrui. Et comment naîtrait dans l'enfant la foi à l'homme, ce glorieux signe de l'alliance entre l'unité de l'homme et une unité plus haute, si ses parents ne lui faisaient entendre des paroles qu'il puisse croire?

§ 59.

Ne vous plaisez pas à trop ordonner et défendre, mais laissez agir librement l'enfant. Les parents qui commandent fréquemment, songent plus à eux qu'au bien de leur enfant.

Que votre parole soit pour l'enfant un lien indissoluble; mais qu'elle ne le soit pas pour vous; vous n'avez pas besoin de rendre des *edicta perpetua*, mais votre puissance législative peut chaque jour faire de nouvelles décrétales. Défendez plus rarement par l'action que par la parole. N'arrachez pas à l'enfant le couteau, mais laissez-le-lui déposer; dans le premier cas il obéit à une pression étrangère, dans le second, à son propre mouvement.

Que l'enfant fasse en lui-même l'expérience du droit qu'il réclame d'autrui. Qu'il ait le respect de la propriété. Qu'est-ce qui appartient à l'enfant? Le père et la mère, rien de plus ; tout le reste appartient au père. Mais puisque chacun réclame pour soi une terre, même un univers, comme fief héréditaire, donnez quelque chose au petit enfant, en lui disant : « Rien de plus. »

L'oreille de l'enfant distingue très bien le ton ferme du ton irrité; la mère prend facilement celui-ci en voulant imiter le père.

On prétend que la plus habile politique est de ne pas trop gouverner ; il en est de même dans l'éducation. Mais afin de parler toujours, certains éducateurs prêchent contre des défauts qui disparaissent avec l'enfance, ou sur des vertus qui viennent avec les années.

Les adultes regardent comme une imperfection tout ce qui distingue d'eux les enfants, et s'exagèrent les défauts des enfants qu'ils voudraient modeler à leur image. Si l'on fatiguait un adulte de sermons et de condamnations, il ne pourrait parvenir à la véritable activité ni à la liberté morale. Comment un faible enfant y arriverait-il en s'entendant dire à chaque pas : Arrête! Cours! Cesse! Fais cela! Qu'est-ce autre chose que d'entasser semence sur semence? Ainsi le champ peut devenir un grenier, mais le grain y meurt sans rien produire.

Défendez avec douceur, afin de pouvoir renforcer le ton au besoin. L'enfant est déjà disposé à remettre, il lui faut le temps de se décider. Ne vous irritez pas de sa lenteur à observer les ordres donnés. Différez vos refus; ne répondez point par un « non » bref à l'enfant qui vous implore, pour vous laisser ensuite arracher un « oui » par ses instances. Un peu moins de précipitation vous épargnerait de fâcheuses contradictions.

Différez aussi l'application des punitions pour les enfants de plus de cinq ans. Les parents et les maîtres seraient plus équitables si, après chaque faute de l'enfant, ils laissaient s'écouler le présent : l'enfant et le père apprendraient ainsi à respecter leur douleur réciproque. Beccaria veut que la punition suive de près le crime, de peur que la pitié et l'oubli n'agissent contre le juge ; mais l'arbitraire des punitions paternelles a besoin d'être adouci par le temps, pour l'enfant et les parents eux-mêmes. Ce n'est que pour les jeunes enfants que la punition doit suivre de près la faute, comme l'effet physique de la cause.

§ 60.

L'obéissance des enfants, à part le motif qui l'inspire, n'a d'autre valeur que de faciliter la tâche des parents. Envisageriez-vous comme un indice favorable du perfectionnement de l'âme la disposition de votre enfant à plier sa volonté à celle de tous les hommes? Quel être souple et flexible vous feriez de lui pour tourner sur la roue de la fortune! Mais ce que vous vous proposez d'obtenir, ce n'est pas son obéissance, c'est sa disposition à obéir, son amour, sa confiance, sa force de renoncement, son respect pour ce qu'il y a de meilleur. C'est pourquoi ne commandez pas là où nul motif supérieur ne vous le commande à vous-mêmes. Les défenses n'irriteront pas l'enfant qui considère toutes choses comme la propriété indépendante de ses parents, autant que le révolteront les commandements, puisqu'il sent que sa propriété est son mo et le droit. Souvent les parents, dans leurs défenses et leurs ordres, se servent d'agréables détours pour cacher le but. Mais, de cette manière, l'enfant n'apprend aucune règle ni discipline, et tout ce qui est juste et immuable lui apparaît comme un jeu du hasard.

De plus, les enfants qui reçoivent toujours les bienfaits

de leurs parents, aiment bien à donner à leur tour, et ils accomplissent avec plus de joie les œuvres d'amour que celles de la nécessité. Que les parents s'adressent avec douceur à la complaisance de l'enfant, et qu'ils lui témoignent leur satisfaction de ce qu'il accomplit ainsi ; mais qu'ils ne le punissent pas s'il ne répond pas à leur appel. L'esclave seul reçoit plus de coups de fouet qu'il n'en mérite ; mais le chameau même n'accélère pas son pas sous le fouet, tandis qu'il court au son de la flûte.

§ 61.

La punition ne doit atteindre que la conscience coupable, et les enfants n'ont pas le sentiment de la culpabilité. Ainsi que les étoiles fixes, au-dessus des montagnes, ils ne devraient jamais trembler ; la terre devrait être pour eux toujours radieuse, jamais sombre. Si on les contraint de sacrifier leur doux printemps, sous prétexte que leur vie future en sera plus heureuse et plus utile, on ressemble à l'Indien qui enfouit son or pour en jouir dans l'autre monde, quand il sera lui-même enterré.

Montesquieu dit que les grandes récompenses indiquent un État en décadence ; ceci est vrai aussi des grandes punitions dans l'éducation comme dans les États. Ce ne sont pas les grands châtiments, mais les châtiments infaillibles, inéluctables, qui sont puissants. Aussi la plupart des peines correctionnelles sont-elles de l'usure, et les peines criminelles, de la cruauté. Il y a dans l'homme une terrible cruauté ; comme la compassion peut s'exalter jusqu'à la douleur, l'exercice du droit de punir peut devenir une jouissance. Dans le peuple, les coups du sort qui atteignent les parents produisent des contre-coups sur les enfants. Devons-nous attribuer au droit romain qui regardait comme des choses les enfants, les femmes, les esclaves et les étrangers, l'indifférence de l'État en présence du meurtre lent des enfants, des juridictions rigoureuses des parents et des maîtres, et des supplices infligés à la faible innocence?

§ 62.

Puisque les anciens Goths, les Groënlandais, les Quakers, la plupart des sauvages élèvent des âmes sereines et fortes comme les arbres de la forêt, sans leur montrer le bâton, sur lequel nous voulons enrouler nos enfants comme des serpents apprivoisés, nous voyons combien nous usons mal des verges si, dans la suite, nous sommes forcés de les échanger contre le bâton. Les verges devraient rendre le bâton inutile.

Évitez toute lutte entre l'obstination des parents et celle des enfants. Après avoir sévi contre l'enfant qui souffre du châtiment, laissez-lui le triomphe du non ; soyez sûrs qu'il évitera à l'avenir une lutte si pénible.

C'est bien timidement que je me hasarde à proposer les questions suggestives, interdites aux juges parce qu'elles influeraient sur les réponses et aggraveraient la situation des prévenus. Cependant j'autoriserais l'éducateur à faire de telles questions. Les enfants, comme les sauvages, ont un penchant au mensonge qui se rapporte au passé, penchant qui n'empêche pas la véracité de se développer dans l'âge de la raison. Les mensonges qui se rapportent à l'avenir sont plus rares et plus dangereux.

Aucune punition, même la plus grave, n'est aussi importante que le quart d'heure qui la suit et qui amène le pardon. Après l'orage, le bon grain trouve son sol bien préparé ; la crainte et la haine de la punition qui d'abord avaient endurci l'enfant contre les paroles, ont disparu, et la douce réprimande pénètre dans l'âme et la guérit, ainsi que le miel et l'huile adoucissent la blessure. Alors on peut dire bien des choses, pourvu que la voix soit douce et qu'on diminue par l'expression de sa peine celle de l'enfant. Mais la prolongation de la colère est funeste. Ou l'enfant ne la sent pas, alors elle est inefficace ; ou il s'habitue à se passer d'affection, ou bien encore il est irrité de voir se prolonger la peine d'un péché déjà enterré. Ainsi se perd l'effet du pardon.

Une règle de prudence et de justice qu'il faut observer à l'égard des adultes, trouve encore mieux son application vis-à-vis des enfants, savoir, celle de ne jamais dire à un enfant qui a menti : Tu es un menteur, tu es un méchant, mais : Tu as menti, tu as mal agi. Car le pouvoir de se commander impliquant aussi celui de s'obéir, l'homme se sent, à l'instant qui suit celui de sa faute, aussi libre que Socrate, et il trouve une punition digne de lui dans la brûlante flétrissure de sa nature, non dans celle de sa faute. De plus, et grâce au sentiment persistant d'une direction et d'une espérance morale, les fautes de l'homme ne lui semblent que l'empire passager du démon. Dans l'anéantissement moral, l'enfant sent plus vivement le tort d'autrui que le sien, et d'autant plus que le manque de réflexion et l'ardeur des sentiments lui font paraître l'injustice d'autrui plus grave que la sienne.

Le déshonneur étant la ruine de l'humanité, et le cœur le plus déchu conservant à jamais le principe du relèvement, il est d'autant plus cruel de glacer dans le jeune enfant le germe de la vie par des punitions qui déshonorent. La honte est un enfer moral sans rédemption, où le réprouvé ne peut devenir qu'un démon. Si la blessure de l'enfant est rendue brûlante et profonde par la honte, le pauvre petit être, accablé de douleur, reste suspendu entre le ciel et la terre et se consume dans son désespoir. C'est lui imposer aussi des souffrances intérieures et extérieures que d'appliquer aux punitions des noms barbares ou méprisants. La moindre peine doit être infligée avec tristesse. Le chagrin des parents purifie celui de l'enfant.

§ 63.

Avant que l'enfant puisse parler, il comprend la parole d'autrui, comme nous comprenons une langue étrangère sans la savoir parler.

Il suffit de donner à la foi de l'enfant (*fides implicita* des anciens théologiens) des objets prochains pour qu'elle devienne sérieuse et sincère. Si l'enfant a un excellent père qu'il croit infaillible et de plus une sainte mère ; s'il leur soumet la parole d'autrui pour qu'ils la confirment ou la nient ; s'il oppose au monde entier ainsi qu'au monde qui est au dedans de lui, ces deux seuls êtres dont la force physique et morale lui inspire une confiance absolue, il expose à nos yeux un trésor si précieux qu'il suffit de le retrouver dans un être plus mûr pour en apprécier justement la valeur. Qu'est-ce qui est fondé sur la foi à l'homme que personne encore n'a mesurée ? Presque toutes choses dans le monde scientifique ; et du moins autant dans le monde moral.

Le monde scientifique se refuse peut-être à l'admettre, mais que savons-nous de l'île découverte par un voyageur, si ce n'est ce que notre foi en reçoit? — Que savons-nous de certaines parties du monde? Un simple marin, par son témoignage, est maître de toute une région géographique. Si l'on prend à témoin toute la multitude, aucune opinion vraisemblable ne peut se former, à moins que cette grande foi au moi ne se fortifie en se multipliant. L'homme croit plus aisément l'homme sur les temps passés, les terres lointaines, que sur ce qui est plus près de lui.

Nous devons à un petit nombre de témoins tout ce que nous savons sur l'histoire grecque et romaine. La médecine, l'astronomie, l'histoire naturelle, la chimie, sont fondées sur les expériences d'autrui, c'est-à-dire sur la foi. Nos spéculations philosophiques ne peuvent se passer non plus du témoignage d'autrui pour rendre nos convictions vraisemblables. Et pourquoi sommes-nous poussés par un irrésistible désir vers les opinions des grands hommes sur l'existence, sur Dieu et sur le moi, si ce n'est que nous croyons plus à leurs assertions qu'à celles d'autrui et à nos propres démonstrations? Et la jeunesse avide n'est-elle pas suspendue à l'esprit d'un maître illustre, ainsi que les abeilles au tilleul fleuri ?

C'est surtout dans le domaine moral que cette foi se manifeste de la manière la plus éclatante. Ici le cœur se fortifie par la vraie foi qui sauve. Car, dans le domaine scientifique on te croit, dans le domaine moral on croit en toi. La foi de deux âmes qui s'aiment, celle d'un ami en son ami, d'un noble cœur en l'humanité, d'un croyant à la divinité, voilà le rocher de Pierre, la place forte de la dignité humaine. Alexandre, en buvant le breuvage suspect, était plus grand que son médecin qui l'avait fait salutaire; il est plus sublime de témoigner une confiance dangereuse que de la mériter ; mais qu'y a-t-il de divin dans cette confiance? Ce n'est pas seulement que dans le moi d'autrui, tu ne peux présupposer une force qui met la vie en danger sans la connaître et la posséder toi-même; car tu peux la connaître et la posséder sans la présupposer ; et dans les dangers, tels que celui d'Alexandre, les croyants seuls risquent, non ceux qui sont l'objet de la foi ; mais le triomphe de la foi dans l'humanité, la couronne du citoyen du ciel, c'est que le croyant doit s'abstenir et demeurer en repos, ce qui, dans la guerre, est plus difficile que d'agir et de combattre, et la foi embrasse, non un acte ou un cas isolé, mais toute une vie. Quiconque croit véritablement pense qu'il a vu face à face la divinité morale; et il n'y a peut-être pas sur la terre de jouissance plus noble que celle de défendre et d'aimer plus fortement un ami attaqué et menacé.

Si cette foi est l'esprit saint dans l'homme, le mensonge est le péché contre cet esprit, car nous estimons si fort la parole d'autrui que (selon Pascal) un homme que tout le monde croirait aliéné, le deviendrait en effet.

§ 64.

Je reviens à la foi de l'enfant. La nature a bien doué l'enfant pour recevoir; d'après Haller, les os qui forment l'organe de l'ouïe sont, chez l'enfant, aussi développés que chez l'adulte. Que la foi de l'enfant vous soit sacrée, car sans elle aucune éducation n'est possible. N'oubliez pas que le petit enfant ignorant regarde à vous comme à un haut génie, un apôtre plein de révélations, et que le mensonge d'un apôtre ruine tout un monde moral. Ne détruisez donc pas votre infaillibilité par des preuves inutiles, ni par la démonstration de l'erreur. L'aveu de votre ignorance se concilie plus facilement avec la foi; déjà l'enfant peut exercer sa force et son scepticisme sur les assertions d'autrui, sans que ce soit à vos dépens.

Gardez-vous de fonder la religion et la morale sur des preuves; c'est la multitude des piliers qui obscurcit et rétrécit les églises. Que ce qu'il y a de saint en vous s'adresse à ce qui est saint dans l'enfant. La foi, cette introduction à la morale, cette lettre de noblesse que l'humanité a rapportée du ciel, ouvre le tendre cœur de l'enfant au grand cœur de l'homme. Blesser cette foi, c'est bannir, comme Calvin, la musique du culte; car la foi est l'écho des régions célestes.

Lorsque, à la dernière heure, s'éteint dans l'esprit accablé la poésie, la pensée, l'aspiration, la joie, alors brille encore la fleur nocturne de la foi dont le parfum relève l'âme dans ces dernières ténèbres.

CINQUIÈME FRAGMENT

ÉDUCATION INTELLECTUELLE. — LE LANGAGE, L'ÉCRITURE. — L'ATTENTION, L'IMAGINATION, DIFFÉRENCE ENTRE LES MATHÉMATIQUES ET LA PHILOSOPHIE. — L'ESPRIT. — LA RÉFLEXION, L'ABSTRACTION. — LA MÉMOIRE ET LE SOUVENIR. — CULTURE ESTHÉTIQUE. — CULTURE CLASSIQUE.

Certains éducateurs appellent la force plastique de l'esprit, intelligence, ou facultés intellectuelles, c'est-à-dire que peindre est pour eux voir; mais ils ne négligent pas dans leur œuvre les sens et la mémoire; ou bien ils parlent de l'éducation de l'activité, comme si la volonté n'était pas aussi une activité. La plupart des prédécesseurs de Pestalozzi proposaient d'entasser une multitude de connaissances de toute espèce : ainsi prétendaient-ils former un homme de talent. Ce système d'éducation produit des hommes sachant tout, mais ne pouvant rien accomplir, étant créés éternellement et ne créant jamais, héritiers de toutes les idées, sans en transmettre aucune.

La volonté n'engendre qu'elle-même, seulement en soi, non hors de soi; car l'acte extérieur est aussi peu la nouvelle création de la volonté que les sons articulés ne sont celle de la pensée. La force plastique au contraire agrandit son monde de nouvelles créations, et elle dépend des objets autant que la volonté pure en est indépendante. La volonté pourrait atteindre à son idéal, mais elle rencontre une force opposée (le mal radical selon Kant), tandis qu'aucun pouvoir contraire (tel que le vice et la vertu), ne résiste à la pensée qui ne rencontre que les degrés de la progression et l'immensité de la série. Ne rien savoir n'est pas aussi mal que ne rien faire; et l'erreur est moins l'antithèse que le pendant de la vérité, tandis que l'immoralité est l'opposé de la moralité.

La force plastique agit selon la volonté et par la volonté pour faire sortir une nouvelle idée des idées anciennes; elle est l'empreinte de l'homme. Aucune volonté ne détermine chez les animaux l'enchaînement des idées; dans l'état de veille, nous pensons nous-mêmes, dans le rêve nous sommes passifs. Dans le génie, cette conception des idées est l'invention, dans la moyenne des hommes, c'est la réflexion nécessaire. Les développements de la perception sont le langage et l'attention qui, en limitant et en séparant les idées, les rendent plus sensibles à l'âme; l'imagination qui a le pouvoir de retenir toute une succession d'idées pour en faire sortir la grandeur inconnue, pressentie et cherchée, comme partie, comme base, ou conséquence, symbole ou image; ensuite viennent le bon sens, la réflexion, le souvenir.

De cet ordre qui est à peu près celui de la genèse, procède naturellement la division des sciences en deux classes, dont l'une, celle des mathématiques fournit à la perception des matériaux organiques, et l'autre, l'histoire naturelle, lui fournit des matériaux inanimés. Car l'entassement de notions d'histoire naturelle, de géographie, d'histoire universelle, ne peut stimuler ni fortifier la perception. L'ancienne classification distingue les sciences qui se rapportent au langage de celles qui se rapportent aux faits : elle est exacte, il est vrai, mais ce qui ne l'est pas, c'est l'inventaire de ce qui appartient à l'une et à l'autre. On classait par exemple le langage dans les sciences qui se rapportent au langage, et l'histoire naturelle et l'histoire universelle dans celles qui se rapportent aux faits.

§ 65.

L'étude du langage est bien supérieure à l'étude des langues; et tout ce qu'on dit en faveur des langues anciennes comme moyens de culture, s'applique encore bien mieux à la langue maternelle qui mériterait d'être appelée mère du langage. Chaque langue nouvelle ne se comprend que dans ses rapports avec la première; le signe primitif est désigné de nouveau, et toutes les langues se forment successivement d'après la première.

Désignez à l'enfant chaque objet, chaque sensation, chaque acte, au besoin même par un mot étranger; et quand il vous voit agir, donnez-lui, autant que possible, de la clarté et de l'attention par des épithètes ou des surnoms attribués aux diverses parties de vos actes isolés. Il a un tel désir d'entendre qu'il vous questionne souvent sur une chose connue, uniquement pour vous entendre, et qu'il vous raconte une histoire afin que vous la lui racontiez à votre tour. Par le langage, le monde extérieur est conquis comme une île, ainsi que l'animal est apprivoisé en étant nommé. Sans le signe du langage, qui est l'index spirituel, l'immense nature serait devant l'enfant comme une statue de vif-argent dépourvue d'échelle barométrique, et il n'en observerait aucun mouvement. Le langage est la ligne de partage de l'infini, l'eau qui sépare du chaos, et l'importance de cette séparation nous est surtout démontrée par les sauvages qui par un seul mot expliquent parfois toute une phrase. L'enfant de la campagne n'est inférieur à celui de la ville que par la pauvreté de son langage.

Que l'on décompose et analyse devant l'enfant tous les objets qui constituent le monde physique, mais non ceux du domaine de l'esprit, car l'analyse pourrait faire périr ceux-ci sans résurrection, tandis que les corps renaissent.

La langue maternelle est pour les enfants la plus innocente philosophie et le meilleur exercice de réflexion. Parlez beaucoup et avec précision ; exigez aussi d'eux la précision. Pourquoi attendriez-vous d'une langue étrangère la culture que doit donner le langage ? Essayez quelquefois de vous servir de phrases plus longues que les courtes phrases enfantines de certains éducateurs. Une obscurité qui s'éclaircit par la seule répétition étend et fortifie l'attention. Exercez quelquefois les jeunes enfants par des problèmes d'antilogie, tels que : je l'ai entendu de mes yeux ; cela est joliment laid.

Ne craignez pas de n'être pas compris ; votre air, votre ton et l'irrésistible besoin de comprendre, éclaircissent la moitié d'une phrase difficile, et avec le temps cette moitié aide à faire comprendre l'autre. Le ton est pour les enfants, comme pour les Chinois et les gens du monde, la moitié du langage. Songez qu'ils apprennent à comprendre leur langue avant que de la parler, ainsi que nous comprenons le grec avant de le parler. Ayez confiance dans l'œuvre du temps et de la logique. Un enfant de cinq ans comprend les mots : « cependant, sans doute, pourtant, au contraire, certainement ; » mais essayez d'en donner une explication, non à l'enfant, mais au père. Dans le seul *sans doute* il y a un petit philosophe. Puisque l'enfant de huit ans est compris de l'enfant de trois ans, pourquoi voulez-vous resserrer votre langage dans son balbutiement ? Devancez-le toujours de quelques années par votre langage (le génie ne nous devance-t-il pas dans les livres de bien des siècles) ? Que l'éducateur, au lieu d'attribuer toute connaissance aux enseignements, se souvienne que l'enfant porte déjà en lui tout son monde spirituel (c'est-à-dire les idées morales et métaphysiques), et que la langue, avec toutes ses images sensibles, ne sert qu'à éclaircir ce monde intérieur.

Ainsi que les enfants communiquent la gaieté, ils donnent aussi la précision par leur propre langage. On peut apprendre d'eux la langue et se laisser instruire par leurs images hardies et toujours justes.

Fichte fait trop peu de cas de la dénomination et de l'*a*, *b*, *c*, des idées extérieures et ne l'exige que pour les idées intérieures (les sensations), parce qu'il prétend que la dénomination des idées sensibles ne sert qu'à les communiquer, non à les mieux comprendre. Mais il me semble que l'homme (ainsi que l'animal privé de la parole, se noie dans la mer agitée et ténébreuse du monde extérieur) se perdrait au milieu du ciel étoilé des idées extérieures, s'il ne divisait par la parole cette lumière confuse en constellations, pour connaître le tout par ses parties. Le langage seul illumine l'immense et uniforme carte du monde.

Pour des raisons de pédanterie et d'économie, nos ancêtres insistaient, à l'avantage de la gymnastique intellectuelle, sur l'étude d'une langue étrangère (le latin) comme moyen de culture. Sans doute le vocabulaire des langues étrangères développe peu l'intelligence, à moins que la langue maternelle ne s'y reflète plus distinctement; mais la grammaire, cette logique de la langue, cette première philosophie de la réflexion, est efficace en ce qu'elle élève de nouveau les signes jusqu'aux faits qu'ils représentent et force l'esprit de s'observer soi-même, de contempler sa propre activité, c'est-à-dire de réfléchir, de saisir plus fortement le signe pour ne pas le confondre, comme l'exclamation se confond avec la sensation. Cette observation est plus facile par la grammaire d'une langue étrangère que par celle de la langue maternelle qui se confond trop avec les sensations; aussi les peuples qui avaient reçu une culture logique apprenaient-ils par une langue étrangère à construire la leur, et Cicéron avait fréquenté l'école grecque avant l'école latine. C'est pourquoi dans les siècles où le grec et le latin constituaient le savoir, l'esprit se cultivait d'une manière plus formelle et se remplissait d'une logique immatérielle, ainsi que nous le démontre toute la philosophie scolastique. Quand *Huart* prétend qu'une bonne tête apprend difficilement la grammaire, il ne peut entendre par là qu'un esprit plus apte aux affaires ou aux arts, qu'aux spéculations de la pensée; un bon grammairien est en quelque sorte un philosophe; et un philosophe seul pourrait écrire la meilleure grammaire. Une langue étrangère, surtout le latin, est le plus utile de tous les premiers exercices de la pensée.

§ 66.

Puisque l'écriture représente à son tour les signes des choses et qu'elle élève ainsi ces signes à l'état de choses, elle sépare et concentre les idées plus encore que la parole. Le mécanisme de la voix est saccadé et bref; les caractères de l'écriture parlent d'une manière continue et distincte. L'écriture éclaire. On a remarqué que les lettres écrites de la main de Mme de Sévigné sont plus belles que celles qu'elle a dictées; et l'on sait que Montesquieu, qui ne savait pas écrire, passait quelquefois trois heures à chercher ses idées; de là, prétend-on, ses phrases coupées. L'écriture qui reste plus longtemps sous les yeux facilite plus la création des idées que le son rapide de la parole, car nos idées sont plutôt une vue intérieure qu'une audition intérieure, et même nos métaphores tiennent plus de la couleur que du son.

Exercez de bonne heure l'enfant à écrire ses pensées plutôt que les vôtres, pour convertir la pesante et sonore monnaie courante des sons en un commode papier-monnaie. Mais épargnez-lui les textes accoutumés, tels que l'éloge du travail, de l'écriture, des maîtres, des gouvernants, etc., sur lesquels le professeur n'aurait rien de meilleur à dire que ses élèves. Ce qui nuit à toute production, c'est de la faire sans objet ni inspiration. Puisque des hommes de génie, tels que Lessing, Rousseau, etc. n'écrivaient que sous l'impulsion d'un fait réel, comment pouvez-vous exiger de l'enfant qu'il peigne la voûte céleste de manière que l'encre invisible devienne du bleu de Prusse ? Je ne comprends pas les maîtres. L'homme est-il forcé dès l'enfance de prêcher sur des péricopes, au lieu de choisir ses textes dans la bible de la nature ? Si l'on fait écrire des lettres, que ce soit à des personnes déterminées et sur des sujets réels.

Écrire une page éveille les idées mieux que de lire un livre. Bien des lecteurs des bibliothèques scolaires écrivent péniblement sur le sujet le plus simple. Beaucoup d'écrivains parlent très mal ; ils ressemblent aux grands négociants d'Amsterdam qui ont un bureau au lieu d'un magasin. Mais donnez-leur seulement du temps, et ils vendront leurs marchandises. Corneille avait la parole difficile et faible, mais il faisait d'autant mieux parler ses héros. Regardez chaque candidat comme un Corneille muet ; donnez-lui un cabinet, une heure et une plume ; et il ne tardera pas à parler et il s'examinera lui-même. Je termine ce chapitre en disant avec tout Indien qui commence un livre : Béni soit celui qui inventa l'écriture !

§ 67.

Bossuet appelle l'attention la mère du génie ; mais elle est la fille du génie, car d'où viendrait-elle si ce n'est de l'union conclue dans le ciel entre l'objet et la tendance qui le poursuit. C'est pourquoi l'attention, pas plus que la tendance, ne peut s'inculquer par les remontrances et les punitions. Si vous rencontriez Swift dans une académie de musique, Mozart dans une réunion de philosophes,

Raphaël dans une conférence d'orateurs, Frédéric le Grand dans une cour d'amour, exigeriez-vous que ces hommes de génie fussent attentifs aux dissertations sur l'art, la science, la politique et l'amour? Et pourtant vous l'exigez pour des choses moins importantes de la part des enfants qui n'ont ni la force ni la maturité d'esprit nécessaires.

Si vous attachez à l'objet de l'attention une récompense ou une punition, vous y substituez l'égoïsme, plutôt que de donner plus d'importance ou d'attrait à ce moyen de culture; vous ne travaillez au plus que pour la mémoire. Aucun plaisir sensuel n'ouvre le chemin du domaine de l'esprit.

Que faut-il donc faire? C'est ce que demandent toujours les maîtres au lieu de chercher d'abord ce qu'il faut éviter. Le règlement de l'ordre des Jésuites leur défend d'étudier plus de deux heures de suite; mais votre règlement ordonne à ces pauvres petits d'être attentifs aussi longtemps que vous pouvez parler.

Il se peut que l'enfant s'intéresse au plus haut degré à vos leçons; mais pas précisément à tel jour ou à tel endroit. En général, l'homme est incapable d'une attention non interrompue, il est plus facile de promettre l'éternel désir que l'éternel amour.

Si la nouveauté est le plus puissant attrait pour l'oreille, pourquoi les éducateurs exigent-ils de la jeune âme qui est entourée de choses nouvelles, d'autant plus de force d'attention qu'ils répètent plus souvent les mêmes choses?

Il y a une grande différence entre l'attention des esprits moyens et celle des hommes de génie. Celle-ci ne peut être créée : tout ce qu'on peut faire, c'est de la reconnaître, de la ménager et de la cultiver. Observez l'attention de l'enfance, afin que vous ne dérangiez pas tout leur avenir en exigeant du génie qui vous surprend par des éclairs, une attention contraire à la sienne, que vous ne demandiez pas à un Haydn l'œil d'un peintre, ni à un Aristote un poème.

Cette attention presque instinctive qui attend son objet, nous explique des faits tels que la stupidité de Thomas d'Aquin, dans son enfance, l'inaptitude à l'étude du mathématicien Schmidt qui resta pendant trente-huit ans simple ouvrier. Les bons arbres sont souvent tardifs à porter du fruit. Plus tard la profession s'exerce aisément; et tandis que la science et le talent produisent péniblement leurs dons, le génie trouve les siens dans le sable comme de précieux joyaux.

L'attention des esprits moyens a moins besoin d'être éveillée que d'être dirigée et concentrée; les enfants distraits ont de l'attention, mais cette attention se disperse de tous côtés. L'enfant, dans le monde nouveau, est un Allemand à Rome, un pèlerin en Palestine. Il n'y a pas d'attention capable de tout embrasser; aucune sphère ne se voit en entier. L'attention passive devant laquelle le monde passe sans laisser de traces, peut être rendue active par un objet mis en relief que vous proposez comme problème à résoudre et que vous rendez attrayant. Qu'on demande toujours aux enfants *pourquoi;* les questions du maître sont mieux écoutées que ses réponses. Décomposez l'objet; et, selon l'opinion des scolastiques qui prétendent que Dieu connaît tout, parce qu'il crée tout, exercez l'enfant à créer, et l'observation suivra naturellement. Ceci nous mène à l'imagination.

§ 68.

Je suppose qu'il n'y a plus aucune trace du préjugé qui attribue aux mathématiques le pouvoir de fortifier la pénétration et la profondeur de l'esprit philosophique. A l'exception du puissant Leibnitz, les grands mathématiciens, tels que Euler, d'Alembert, même Newton, n'étaient que de faibles philosophes. La critique de Kant confirme ce fait. Le mathématicien envisage les grandeurs, et le philosophe y réfléchit et les réduit à des abstractions; la certitude du premier est, comme celle du monde extérieur, le présent sans induction; il ne peut rien prouver, il ne fait que démontrer; si la grandeur dépasse sa puissance d'observation, il ne prouve que mécaniquement par la méthode. En philosophie il n'y a pas de conviction fondée sur la vérité de la méthode, il n'y a que l'intuition. Malebranche dit avec raison que le géomètre n'aime pas la vérité, mais qu'il aime à la reconnaître, ou pour parler avec plus de précision, il n'aime pas l'être, mais les rapports de l'être. La philosophie, au contraire, recherche l'être, elle s'étudie elle-même, elle étudie le mathématicien, le monde intérieur, le monde extérieur et le monde supérieur. C'est pourquoi la religion et la poésie touchent à la philosophie, et il n'en est pas de même de la géométrie sans vie.

§ 69.

En séparant les mathématiques de la philosophie, nous faisons l'éloge de la pédagogie de Pestalozzi qui s'applique à rendre l'âme droite par les nombres et les lignes. Par quel autre moyen éveillerait-on la perception? Les impressions des sens n'aident pas à concevoir. La réflexion et l'abstraction flétrissent la fleur de l'enfance. La philosophie part des choses les plus élevées, les mathématiques, des plus rapprochées et des plus faciles. Que reste-t-il? La métaphysique de l'œil, la limite entre l'expérience et l'abstraction, cette calme et froide géométrie qui ne s'enquiert pas de Dieu, du monde et du moi; qui donne des résultats visibles; qui n'excite, ne décourage aucune convoitise, aucun désir, qui cependant trouve sur tous les points de la terre ses exemples et ses exercices, et pour qui aucun enfant n'est trop jeune, puisqu'elle part des plus petites quantités.

On objecte à Pestalozzi ce qui fait son éloge, savoir que son école n'est pas une école de prophètes, de prêtres et de philosophes. La précision des mathématiques est particulièrement nécessaire à notre siècle nébuleux, sans point d'appui ni consistance, plus rêveur que poète.

Comment ces sciences contribuent-elles à la culture intellectuelle? En ce qu'elles développent la force de représentation, cette force qui diffère autant de l'imagination qui ne conçoit que les parties, que de la fantaisie qui crée. Elle présente au philosophe dans ses syllogismes, au mathématicien dans ses calculs, à l'inventeur dans ses plans, de longues séries d'idées, de nombres, de lignes, d'images qui s'enchaînent et qu'ils peuvent contempler en même temps. Les nombres n'exercent pas la faculté créatrice de l'enfant, mais ils lui apprennent à embrasser d'un coup d'œil toute une suite d'idées; et cette faculté est susceptible d'un développement sans limites. Il y a des hommes qui mesurent à l'horloge la marche et l'essor des idées, comme si l'on pouvait partager la pensée et diviser en ondulations le souffle céleste. L'idée la plus riche, Dieu ou l'univers, n'est-elle pas un éclair sans durée, ainsi que l'idée la plus pauvre, celle du néant?

Deux sciences contribuent encore à développer cette faculté, l'astronomie, qui fait concevoir la grandeur infinie, et l'anatomie, qui donne l'idée de l'infinie petitesse.

§ 70.

Tout développement factice de l'esprit nuit au corps avant qu'il soit formé; les exercices philosophiques de la raison et les essais poétiques de l'imagination, dérangent ces facultés mêmes et d'autres encore. Mais ce qui n'exige aucun effort et, par conséquent, ne cause aucune fatigue aux enfants, c'est le développement du bon sens, de la vivacité d'esprit, le plus utile parce qu'il active le mouvement des idées et qu'il apprend à les gouverner. Pourquoi avons-nous si peu d'inventeurs et un si grand nombre de savants qui ne conservent dans leur tête que des biens immobiliers, et les séparent avec soin les uns des autres, de manière à négliger les rapports qui existent entre les sciences. Il en est ainsi parce qu'on s'occupe beaucoup plus de donner des idées aux enfants que de leur apprendre à les manier, et qu'on les oblige à l'école à fixer leurs pensées autant que leurs membres.

Les Spartiates, ainsi que Caton, Sénèque, Tacite, Bacon, Young, Lessing, Lichtenberg, nous montrent comment les pesants nuages de la science se déchargent en éclairs d'intelligence. Chaque invention est d'abord une idée; et de cette pointe mobile se forme une création vivante, ayant un corps. Une idée ingénieuse en engendre une foule d'autres.

L'esclavage trouble et fait tarir toutes les sources de la spontanéité; aussi les éducateurs qui, ainsi que les princes faibles, ne se maintiennent sur le trône que par la censure et l'oppression, choisissent-ils peut-être les promenades pour rendre aux enfants leur liberté et leur spontanéité.

§ 71.

Que l'on ajourne l'observation intérieure jusqu'à l'âge des passions, quand il s'agit de la direction d'esprits philosophiques ou poétiques, afin que l'enfant recueille d'abord, pour la conserver, une vie pure, solide et ferme.

Les enfants ordinaires dont les dispositions sont plutôt actives et qui se laissent captiver par le monde extérieur, peuvent s'occuper avant les autres de philologie, de logique, de physiologie et de métaphysique, afin que du haut de leur moi ils apprennent à envisager leur vie. Le monde intérieur est le remède ou le contre-poison de l'homme d'affaires, comme le monde extérieur est celui du philosophe. La poésie qui unit les deux mondes est le remède suprême de tous deux ; c'est par elle que l'on parvient à la réflexion et à l'abstraction qui élèvent l'homme au-dessus de la nécessité et du temps pour lui donner une plus haute idée de la vie.

§ 72.

C'est ici qu'il convient d'indiquer le sens pratique qui unit ou plutôt mêle le monde intérieur et le monde extérieur. Cette présence d'esprit est parfaite dans le héros; elle crée ou détruit par le mélange des perceptions intérieures et extérieures, des sensations et des idées; elle saisit, prévoit et agit à la fois. Semblable à l'aigle à deux têtes de la fable, elle regarde en elle et autour d'elle, sans se laisser ni éblouir ni ébranler, se mouvant sur un point fixe dont la circonférence ne change point.

Il serait difficile d'établir une palestre pour l'enfant qui s'en servirait pour combattre le seul monde qu'il connaisse, c'est-à-dire celui de l'éducation. Ce n'est pas une école militaire qu'il lui faut, car il n'a pas encore d'ennemi, mais la lutte contre les choses, et il est à désirer que l'éducateur lui en fournisse l'occasion.

§ 73

La différence entre le souvenir et la mémoire est plus appréciée par les moralistes que par les pédagogues. La mémoire est une faculté qui reçoit mais ne crée pas et, dans ses efforts intellectuels, elle est soumise à des conditions physiques. Un affaiblissement corporel l'anéantit; les rêves en suspendent les fonctions. Elle est fatale et commune aux animaux. Si elle se fortifiait par ce qu'elle reçoit, elle s'accroîtrait avec les années, c'est-à-dire par l'entassement des noms; et c'est dans l'enfance qu'elle porte le plus aisément les plus pesants fardeaux.

§ 74.

Mais le souvenir, la force créatrice qui, à l'aide des idées fournies par la mémoire, réveille ou crée une autre idée qui s'y rattache, cette faculté puissante qui obéit à l'intelligence et à la volonté, a été refusée à l'animal et se développe par l'éducation. La mémoire peut être de fer, tandis que le souvenir peut n'être que de vif-argent.

Le souvenir crée par l'association des idées, non celle des mots. Pour développer cette faculté, exercez les enfants dès les premières années à faire des récits. Il est plus difficile de se souvenir d'un fait isolé que de plusieurs faits qui s'enchaînent. L'exemple de Lessing qui s'occupait pendant quelque temps, sans interruption, d'une seule et même science, vient à l'appui de l'assertion de Locke qui prétend que pour se distinguer dans une faculté quelconque, il faut la travailler exclusivement pendant longtemps. Il en est ainsi à cause de l'esprit systématique du souvenir. Rien n'affaiblit autant le souvenir que le manque de fixité; et la satisfaction de progresser rompt la monotonie d'une seule et même occupation.

Les ressemblances qui sont les aides du souvenir, sont les écueils de la mémoire. Entre des objets qui se ressemblent, un seul peut prétendre à l'attrait de la nouveauté.

§ 75.

Le grammairien Artémidor oubliait tout quand il était effrayé. La crainte ou la terreur paralyse la mémoire. On enlève au criminel ses liens, quand il doit être entendu devant le juge. Et tant d'éducateurs chargent de liens les enfants et les menacent de punitions pour les rendre attentifs à leurs leçons. Ils se figurent ainsi que les pauvres petits en retiendront autre chose que les tourments de la peur. L'esprit peut-il agir librement quand le cœur est dans la servitude?

§ 76.

Le sens du beau n'est pas l'instinct de la culture dont le développement appartient à l'école des beaux-arts. Si vous exigez que l'enfant crée déjà le beau au lieu de se borner à le contempler et à le sentir, vous détruisez cette faculté avant qu'elle ait rien produit. Rien n'est plus funeste pour l'art et le cœur que d'exprimer trop tôt les sentiments; maint génie poétique s'est glacé mortellement en buvant à la source sacrée au moment de la chaleur ardente. C'est surtout chez le poète qu'il faut avoir soin de protéger les sentiments par le calme de la science jusqu'au moment favorable à leur expansion. Pope, dans son adolescence, fit des poésies sentimentales, dans son âge mûr, il ne créa que des œuvres d'esprit. Toute bonne tête, dit-on, doit faire des vers, au moins une fois dans sa jeunesse, comme Leibnitz et Kant; ceci s'applique, à bon droit, à ceux qui n'en font pas dans l'âge mûr, au philosophe, au géomètre, à l'homme d'état qui commencent par où le poète finit. Si le poète est le seul qui exprime le saint mystère de l'humanité, il faut qu'il le garde précieusement jusqu'à ce que le

Saint-Esprit lui donne un fils, que le poète grandisse d'abord jusqu'à la hauteur de son modèle avant que de l'imiter. Qu'il ne se nourrisse de nectar que lorsque sa croissance est achevée.

§ 77.

Les hommes ont la prétention d'élever tout ce qui s'élève de soi (eux-mêmes exceptés), et cela d'autant plus volontiers que le succès est alors infaillible; c'est ainsi qu'ils apprennent à marcher, à voir, à sentir, etc. Mais le sentiment de l'art qui ne saurait se passer d'une école, en trouve rarement.

On peut introduire l'enfant dans le domaine des beaux-arts qui s'adressent aux sens extérieurs, la peinture, la musique, l'architecture, avant de lui ouvrir le domaine du sens intime, c'est-à-dire de la poésie. Avant tout, formez l'œil qui, souvent, suit de si loin l'oreille. L'exemple des Italiens qui apprécient le beau avec tant de finesse, nous prouve que la main d'un artiste n'est pas indispensable pour former un connaisseur. Ouvrez l'œil avant le cœur aux beautés radieuses de la nature. Le cœur s'ouvre en son temps plus largement et pour plus de beautés que celles que vous lui présentez. C'est l'État, qui peut faire la vraie éducation de l'œil; celle-ci se fait surtout dans la rue, le temple, les jardins. Le trône et l'art sont-ils donc aussi éloignés l'un de l'autre que Vénus et le soleil? Mais excluez de l'école de l'art tout poète. Une grande volière poétique, ou une salle d'Apollon remplie d'élèves en poésie, ne pourrait produire que des poésies sur l'art et les poètes, c'est-à-dire ne former que d'hypocrites plagiaires. Il faut que le poète ait été pénétré, saisi et travaillé par la vie comme Cervantès et Shakspeare : qu'il prenne alors la plume pour décrire son être intérieur. Si le commerce de la poésie formait le poète, les acteurs auraient été toujours les meilleurs poètes dramatiques.

Quant à la musique, nous ne manquons ni de maîtres ni de modèles. Heureusement il est plus difficile de pervertir le goût du monde qui écoute que de celui qui regarde et qui lit; alors même que l'oreille est le plus surexcitée, le cœur reste toujours ouvert aux plus simples mélodies.

§ 78.

Si l'on considère la poésie comme l'union harmonieuse de toutes les forces contradictoires, on a le droit de s'étonner que l'étude de cette heureuse unité commence déjà dans les années où l'esprit est sans force pour unir tant d'éléments divers. En serait-il autrement des enfants que des peuples pour lesquels le calme plat du besoin a fait lever le soleil de la beauté? Et la poésie n'exige-t-elle pas la plénitude de la force? Avant l'adolescence, les fleurs poétiques ne parlent pas plus à l'enfant que les fleurs desséchées qu'emploie la médecine. Peut-être l'erreur esthétique qui fait trop hâter la culture poétique, provient-elle de la dispersion de l'esprit poétique dans les ravissements des sons, des images, des idées et des sensations auxquels le cœur de l'enfant s'ouvre déjà. Les chants populaires, les contes de fée préparent l'enfant à l'éducation poétique. Quand toutes les forces aspirent à l'unité et à l'avenir, que le poète paraisse, qu'il soit l'Orphée qui donne la vie aux corps inanimés, aussi bien qu'il dompte les bêtes féroces! Mais quels poètes présentera l'éducateur?

§ 79.

Les nôtres! Ni grecs, ni romains, ni hébreux, ni Indiens, mais les poètes nationaux. La pauvreté de l'âge des ténèbres vivifié par la puissance merveilleuse des Grecs et des Romains, peut seule faire comprendre l'absurdité de commencer l'éducation par l'étranger plutôt que par la mère patrie. La rapide conception d'une œuvre poétique, le vif sentiment de ses beautés, n'est possible qu'à ceux qui sont de la même nationalité que l'auteur; et si la réalité patriotique aide au poète à mieux colorer, elle aide aussi au lecteur à mieux voir; c'est une Romaine qui inspire un Raphaël comme amante, et un Romain comme madone. Les habitants du Nord ne chercheraient-ils la beauté et l'espérance que dans les tombes?

Que les poètes nationaux aient la première place au foyer! Que l'enfant s'élève des dieux inférieurs aux dieux supérieurs! Qu'il s'enflamme ainsi d'amour pour la patrie! A l'époque où les maîtres ont l'habitude d'expliquer Pindare et Aristophane, qu'on présente à l'enfant les grands poètes de la patrie! Il faut que la langue maternelle s'adresse à lui par de beaux modèles, pour qu'il en soit touché; c'est pourquoi les anciens humanistes écrivaient mieux le latin que leur langue nationale.

§ 80.

Il n'y a que les esprits supérieurs qui aient vu l'esprit de l'antiquité. N'est-il pas absurde de croire qu'un adolescent de quatorze ou seize ans, même doué d'aptitudes extraordinaires, soit capable de comprendre l'harmonie de la poésie et de la pensée dans les dialogues de Platon? Pourquoi les maîtres attendent-ils de leurs élèves ce qu'ils peuvent rarement faire eux-mêmes? Comment jouirait-on de l'indivisible et délicate beauté après que l'analyse grammaticale l'a décomposée, ainsi que la Vénus de Médicis, en une multitude de fragments? Il en résulte que le temps moderne est vaincu par une altération de la beauté.

§ 81.

Cependant l'antiquité reste pour nous l'étoile du matin qui plane sur le soir du Nord. La lumière qui nous arrive de l'astre dépend de notre position. La langue des anciens n'est pas l'esprit de leur histoire ni celui de leur forme ou de leur poésie.

La précipitation n'est pas à craindre dans l'étude des langues anciennes; mais pourquoi profane-t-on les écrits canoniques en s'en servant comme de livres de lecture ? Ne comprend-on pas qu'il est impossible à tout esprit, d'autant plus à celui de l'enfant, de suivre en même temps des directions aussi opposées que celles de la langue et du sujet ?

Mais quelles œuvres latines et grecques peuvent servir de maîtres de langue ? Les œuvres d'imitation ou celles qui conviennent le mieux à la jeunesse, telles que celles de Pline le Jeune, même Pline l'Ancien, Lucrèce, Sénèque, Ovide, Martial, Quintilien, Cicéron, etc.

En grec, la romanesque *Odyssée*, pourrait faire son apparition de bonne heure, ensuite Plutarque. L'âge de fer vient le premier, ensuite vient l'âge d'or. Pour développer la force, il faut observer la loi grecque qui défendait aux athlètes de contempler la beauté.

La cité de Dieu est fortifiée pour chaque siècle par l'histoire de l'antiquité. La race humaine actuelle tomberait dans une profonde décadence si la jeunesse ne passait par le temple serein des grands siècles et des grands hommes, avant d'entrer dans le tourbillon de la vie. Les noms de Socrate, Caton, Épaminondas, etc., sont les pyramides de la force de volonté; Rome, Athènes, Sparte sont les trois villes royales du géant Géryon. Que les générations regardent à l'humanité primitive. Ne pas connaître les anciens, c'est être un éphémère qui ne voit pas le lever, mais seulement le coucher du soleil. L'homme seul est capable de puiser dans l'histoire des anciens, afin que l'enfant puise dans l'homme. Il n'en faut excepter qu'un seul ancien, Plutarque, de la main duquel la jeunesse doit recevoir l'inspiration. Mais ces messieurs de l'école sacrifient au grec pur l'histoire de la purification de l'âme. Ainsi le grand Démosthène, si puissant dans son argumentation, est sacrifié au Cicéron fleuri et sonore.

On pourrait commencer par les classiques plus faciles, Cicéron, Virgile, Tite Live, Hérodote, Anacréon, Tyrtée, Euripide, pour s'élever aux plus difficiles, Horace, César, Lucrèce, Sophocle, Platon, Aristophane. Dans cet ordre, on ne tient pas compte du classement des professeurs qui cherchent la difficulté dans les phrases plutôt que dans l'esprit. J'appelle Virgile un classique facile, César un difficile; je trouve faciles les odes d'Horace, difficiles ses satires; Klopstock plus souvent facile que Gœthe, parce que les difficultés de langue peuvent être surmontées par le travail et la méthode, tandis que l'on ne triomphe de celles de la compréhension que par la maturité d'esprit qui ne vient qu'avec les années.

SIXIÈME FRAGMENT

ÉDUCATION DES FEMMES. — CONFESSION D'UNE ÉDUCATRICE. — VOCATION DE LA FEMME. — ÉDUCATION DES JEUNES FILLES. — CONNAISSANCES ET TALENTS. — VANITÉ. — GAIETÉ. — ÉDUCATION DES FEMMES DE GÉNIE.

Par l'éducation des femmes, j'entends à la fois trois choses qui se contredisent, d'abord l'éducation que donnent en général les femmes; ensuite leur vocation pour donner la meilleure; enfin l'éducation des jeunes filles.

Je ne puis mieux faire comprendre ce qu'est la première, qu'en révélant la confession qui m'a été faite, au nom de tout son sexe, par une excellente mère de cinq enfants :

« Je reconnais devant Dieu et devant vous que je suis une pauvre pécheresse pédagogique qui a transgressé bien des préceptes de Rousseau et de Campe. Je n'ai jamais observé un principe plus de quelques heures; souvent j'ai interdit sans réflexion telle chose à mes enfants sans me préoccuper de l'observation de ma défense; souvent aussi je n'ai pas eu le courage de leur refuser, dans un moment d'émotion, ce que la froide raison m'aurait commandé de leur refuser. J'ai encore bien d'autres méfaits à me reprocher. N'ai-je pas dit à ma Bella, devant des étrangers, comme à mon doguin: « Faites la belle »?

« N'ai-je pas négligé mes enfants pour recevoir des visites, estimant ainsi un hôte au-dessus de cinq enfants? Pour finir un roman ou une broderie, ne me suis-je pas privée de voir mes plus jeunes enfants? Ce qui pourrait tranquilliser mon cœur, c'est que je me suis donné toute la peine possible pour leur choisir une garde consciencieuse qui m'a promis d'être pour eux une mère. Le ciel la punisse si elle oublie ce devoir sacré et si elle ne veille pas à chaque instant sur ces chers petits! Mais comment pourrait-elle comprendre la sollicitude d'un cœur maternel?

« Autrefois (et c'est ce qui me console) je faisais venir deux fois par jour mes enfants auprès de moi, je les caressais et les instruisais pendant des heures. Mais j'avoue que je ne puis me lasser de les embrasser et que je mérite que mes enfants se plaignent, ainsi que la princesse de Condé, du malheur d'être aimée des vieux. J'oublie que le baiser, ce sceau sacré du cœur, est plutôt désagréable, sinon nuisible aux enfants.

« Je reconnais qu'en exigeant trop de démonstrations, je rends ma Joséphine trop tendre, ma Sophie hypocrite et mon Pierre maussade. Après avoir usé de rigueur envers eux, au lieu de leur faire sentir de nouveau toute mon affection, je les tiens à distance par mon air froid et sévère.

« Je reconnais que, tout en étant calme dans mes rapports extérieurs, je ne le suis pas chez moi, surtout à l'égard de mes enfants, et je leur nuis par ma violence. Je leur montre trop aisément ma colère, bien que je sache que c'est encourager les enfants à la violence que de leur faire voir un visage irrité ou de leur faire entendre des cris.

« Je reconnais que je suis trop indulgente pour les petits mensonges de mes enfants.

« Dieu me pardonne les péchés qui ne sont pas ceux de l'intention. J'ai beaucoup péché, et je mérite d'être punie et d'avoir de méchants enfants. »

§ 82.

L'éducation, dans les dix premières années, est entre les mains des mères. L'État, la science et l'art laissent peu de loisirs aux pères. La réunion de la fermeté virile et de la douceur féminine rend seule l'éducation parfaite. Le père marque seulement les points dans la vie de l'enfant; la mère en indique tous les autres signes de ponctuation. On voudrait exhorter les mères à être des pères, et les pères à être des mères. Car l'union des deux sexes complète l'humanité, comme Mars et Vénus ont engendré l'harmonie. L'homme met les facultés en branle, la femme établit entre elles la mesure et l'harmonie. L'homme en qui l'État ou le génie a détruit l'équilibre des facultés à l'avantage d'une seule, fera toujours prédominer celle-ci dans l'éducation; le soldat élèvera militairement, le poète, poétiquement, et le théologien, religieusement, la mère seule élèvera humainement. Car la femme n'élève en elle-même que l'être humain, et chez elle, comme dans la harpe éolienne, aucune corde ne prédomine, mais la mélodie résulte de l'accord de toutes.

§ 83.

Vous, mères, à qui le sort épargne les lourdes charges du ménage, comment pouvez-vous préférer l'ennui de la solitude et celui de la société à l'éternel attrait de l'enfance, au spectacle de l'heureux épanouissement, des joyeux ébats de ces petits êtres et au mérite d'une activité utile et belle? La femme qui s'ennuie, bien qu'elle ait des enfants, est digne de mépris. Les peuples qui ont atteint une belle culture, ont aussi servi d'instituteurs à l'humanité; que votre beauté devienne donc l'organe de l'instruction et de l'éducation! Les pays et les villes ont des noms féminins; et, en effet, les mères qui élèvent les enfants pour l'avenir, durant les cinq premières années de leur vie, fondent les pays et les villes. Qui peut remplacer une mère? Le père ne peut pas même remplacer la femme qui, liée à l'enfant par les soins physiques dont elle l'entoure jour et nuit, est aussi à même de lui dispenser les premiers enseignements moraux.

Laisserez-vous passer le beau temps où vous pouvez agir sur la postérité par une influence pure et profonde? Bientôt le sexe fort et l'État interviendront pour enlever les enfants à votre direction et les pousser rudement dans la leur.

Le monde entier exalte l'amour maternel bien au-dessus de l'amour paternel; et il faut, en effet, que l'amour de la mère soit grand, puisque un tendre père ne peut se figurer un amour plus grand que le sien. Mères, que la nature a douées de patience, de charme, de douceur, de persuasion et d'amour, ne pouvez-vous veiller un seul jour sur les êtres commis à votre garde?

Ce que vous sacrifiez au monde, le monde ne le reconnaît pas. Les hommes règnent et moissonnent, et les veilles douloureuses par lesquelles une mère forme à l'État un héros ou un poète, sont oubliées, elles ne sont pas même comptées, car la mère ne les compte pas elle-même. Ainsi, siècle après siècle, les femmes préparent pour le monde les colonnes, les soleils, les oiseaux des tempêtes et les chantres ailés. Mais elles restent obscures, et nul ne les récompense. Rarement une Cornélie trouve son Plutarque pour se souvenir d'elle en même temps que des Gracques. Comme ces deux fils qui conduisirent leur mère au temple de Delphes et furent récompensés par la mort, vous ne recevez d'autre récompense que la mort pour la fidèle direction que vous donnez à vos enfants.

Mais vous n'êtes pas deux fois oubliées. Vous connaissez votre avenir si vous croyez à un monde invisible où les larmes de joie d'un cœur reconnaissant pèsent et brillent plus que les couronnes terrestres qui sont formées de larmes pétrifiées. Si vous avez bien élevé votre enfant, vous le connaissez. Jamais aucun enfant n'a oublié la mère qui a fait de lui un homme de bien. Sur les montagnes bleues de la vague enfance vers lesquelles nos regards retournent sans cesse, se tiennent aussi nos mères qui, de ces hauteurs, nous ont montré le chemin de la vie; et le cœur le plus chaud ne peut pas plus être oublié que la plus heureuse période de la vie. Vous voulez être aimées avec force et jusque dans la mort : soyez donc les mères de vos enfants. Et vous qui n'élevez pas, ô mères, combien vous devez rougir de votre ingratitude pour un bonheur immérité, en présence d'une mère et d'une épouse sans enfants, en la voyant soupirer après le ciel que vous avez quitté comme des anges déchus!

§ 84.

L'éducation des filles est la première et la plus importante pour les mères à qui elle appartient sans partage. Les garçons reçoivent l'éducation du monde, des écoles, de l'université, des voyages et des bibliothèques; les filles sont façonnées par l'esprit maternel. Le frère dépend moins que sa sœur des impulsions extérieures; car la contradiction extérieure l'oblige à concilier, dans l'unité intérieure, tous les éléments divers, tandis qu'un seul côté devient facilement pour la jeune fille une partie du monde, même un monde.

Avant de parler de la culture du sexe, il faut étudier son caractère. Selon les principes reconnus, la nature de l'homme est plus épique, elle est plus réflexion, tandis que la nature de la femme est plus lyrique, plus sensation. Il y a beaucoup d'analogie entre les femmes et les enfants : c'est la même unité de la nature, la même plénitude de conception du présent, la même vivacité d'esprit, la même pénétration, la même mobilité d'impression, la même prédilection pour la forme et la couleur.

Pour plaire à ceux qui aiment les contrastes de la plus nouvelle façon, nous pourrions dire que les femmes sont des natures antiques ou grecques, même orientales, les hommes, des natures modernes, septentrionales, européennes; les unes sont poétiques, les autres philosophiques. L'homme a deux moi, la femme n'en a qu'un, et pour le voir, il lui faut l'aide d'un moi étranger. C'est par ce manque de monologue et de duplication de soi que s'expliquent tous les avantages et toutes les imperfections de la nature féminine. Leur écho le plus proche devenant facilement de la résonnance et se confondant avec le son primitif, elles ne peuvent s'analyser poétiquement ni philosophiquement; elles sont poésie et philosophie plutôt que poètes et philosophes. Les femmes ont plus de goût pour parer les autres que pour se parer elles-mêmes ; il en est de leur cœur comme de leur corps ; elles lisent plus facilement dans le cœur d'autrui que dans le leur.

§ 85.

Les femmes ne paraissent si énigmatiques que parce qu'en elles aucune force ne prédomine, leurs facultés sont plutôt réceptives que créatrices ; elles sont les fidèles miroirs du présent, et chaque changement extérieur est accompagné chez elles d'un changement intérieur. Deviner leur âme, c'est deviner leur corps et leur condition extérieure.

Ainsi que les piano-forté, on voudrait les appeler pianissimi-fortissimi, telle est la force et la pureté avec laquelle les extrêmes sont rendus par elles ; mais leur état normal doit être le calme de l'équilibre; le feu sacré était toujours gardé au centre par les femmes. L'homme est poussé par la passion, la femme par les passions; celui-là est entraîné par le torrent, celle-ci cède à l'impulsion du vent. L'homme se laisse gouverner par une force souveraine, la femme, plus démocratique, laisse exercer le commandement tout autour d'elle. L'homme est plus souvent grave, la femme, bienheureuse ou maudite, enjouée ou triste : la gaieté des unes est constante tout le jour, comme la mélancolie des autres ; la passion seule les trouble l'une et l'autre.

§ 86.

L'amour est le souffle de leur âme, l'esprit de leurs lois, le ressort de leurs nerfs. Si leur amour maternel ne nous montrait pas combien elles aiment sans motifs et sans retour, nous le reconnaîtrions par leur haine qui les consume avec autant de force que l'amour les soutient. Semblables aux Otaïtiens, si doux et si candides, qui mangent leur ennemi vivant, ces tendres âmes ont contre leurs ennemies une rage impitoyable. Le char du tonnerre est traîné par des colombes. L'acariâtre Junon exigeait et recevait en sacrifice de doux agneaux. Les femmes aiment en vérité ; les plus ardents mystiques étaient des femmes; il n'y a qu'une femme, une religieuse, qui soit morte d'amour ardent pour Jésus. Mais il n'y a qu'un homme qui ait pu exiger du philosophe stoïcien l'indifférence à l'amitié. Avec ce trésor d'amour, la nature a envoyé les femmes dans la vie, non pas, comme les hommes paraissent le croire, pour qu'ils soient aimés d'elles, mais pour qu'elles suivent leur destinée, c'est-à-dire qu'elles soient mères et qu'elles aiment les enfants et se dévouent pour eux, sans rien attendre en retour.

A cause de sa nature indivisible, la femme, avec tout ce qu'elle a de cœur et de bonheur, se perd dans l'objet de son amour. Pour elle, il n'y a que le présent et ce présent est bien défini, c'est un homme. Comme Swift n'aimait pas l'humanité, mais certains individus, ainsi les femmes même les plus aimantes, ne sont pas citoyennes du monde, ni d'une ville ou d'un village, mais elles sont citoyennes du foyer ; aucune femme ne peut aimer en même temps son enfant et les quatre parties du monde, tandis que l'homme en est capable. Il aime l'idée, la femme s'attache au fait. Les hommes aiment plutôt les choses, par exemple, les vérités, les biens, les terres, les femmes aiment les personnes.

§ 87.

Plus un siècle est corrompu, plus il méprise les femmes, plus il y a de servitude, plus les femmes sont assujetties aux valets du gouvernement. Dans la libre Germanie, les femmes étaient sacrées et rendaient des oracles ; à Sparte, en Angleterre, et au temps de la chevalerie, les femmes étaient respectées. Puisque les femmes sont élevées ou abaissées selon la forme du gouvernement qui est l'œuvre de l'homme, il est évident que les femmes se forment selon les hommes, et que toute déchéance des femmes n'est que la conséquence nécessaire de celle des hommes. Les héros sont suivis d'héroïnes ; mais celles-ci ne peuvent former des héros par leur amour.

§ 88.

La nature a destiné la femme à être mère, et elle n'est qu'indirectement épouse ; l'homme, au contraire, est plutôt destiné à être époux que père. Il serait étrange, d'ailleurs, que le sexe fort s'appuyât sur le sexe faible. L'homme est plus créé pour la femme, que la femme n'est créée pour l'homme; elle l'est pour la postérité physique, l'homme, pour la postérité morale.

§ 89.

Avant d'être mère, et après l'être devenue, la femme est un être humain; la destinée maternelle ne doit donc pas prédominer sur la destinée humaine, ni la remplacer, elle doit en être le moyen, non la fin. Ainsi que l'être humain est au-dessus de l'artiste, du poète, du héros, etc., il est au-dessus de la mère.

Et comme l'artiste crée en même temps quelque chose de plus élevé que l'œuvre d'art, c'est-à-dire le créateur de cette œuvre, lui-même, la mère forme son meilleur moi en élevant son enfant.

Si la nature destine la femme à la maternité, elle pourvoit aussi à son développement, il suffit que nous ne la devancions ni ne l'entravions pas. Mais puisque la nature agit aveuglément pour une seule fin, il faut que l'éducation la complète, qu'elle adoucisse et purifie la force prédominante en développant les forces qui lui font équilibre.

§ 90.

La femme se sent, mais elle ne se voit pas; elle est tout cœur. Il lui est difficile de saisir des arguments. C'est peut-être pour cela que la jurisprudence permettait à l'homme de prêter serment plus tôt qu'elle n'y autorisait la femme, et soumettait celle-ci à la torture plus tôt que l'homme.

Les sentiments vont et viennent, en troupes ailées, à la suite de la victoire du présent; mais les idées sont inébranlables. Faut-il enlever au cœur sa plénitude en le décomposant?

Ce n'est pas le sentiment, c'est l'objet du sentiment que la jeune fille doit examiner, analyser, éclairer; et si elle reconnaît qu'elle s'est trompée dans l'objet, il faut qu'elle suive ses lumières malgré la persistance du sentiment. Ce ne sont pas les sentiments, mais c'est l'imagination, qu'il faut combattre. Mères, ménagez les sentiments affectueux et tendres que les années feront naître et cultiveront d'elles-mêmes, et ne développez pas dans vos filles une sensibilité excessive, vous courriez le risque de les tuer ou d'éteindre en elles le sentiment. Les sentiments, les fleurs et les papillons vivent d'autant plus longtemps qu'ils se développent plus tardivement. Donnez aux principes, par la persuasion, la clarté, et la répétition la force de l'intuition. Ne laissez pas se développer la pitié pour soi-même qui se plaît à nourrir la douleur et fuit toute joyeuse lumière. Il faut se montrer sévère pour tous les caprices, lutter contre l'humeur, et préserver de la peur qui obscurcit la raison plus que toute autre émotion.

§ 91.

La moralité des jeunes filles est la coutume, non le principe. On pourrait corriger le jeune homme par le mauvais exemple d'Ilotes ivres; on ne peut corriger la jeune fille que par de bons exemples. Il faudrait qu'elle fût élevée dans des lieux saints, comme les prêtresses de l'antiquité, qu'elle n'entendît et ne vît jamais rien de grossier, ni d'immoral, ni de brutal. Madeleine Pazzi disait sur son lit de mort qu'elle ne savait pas ce que c'était qu'un péché contre la pudeur; que l'éducation suive cet exemple.

Plus l'or est pur, plus il est facile de le déformer; le plus grand mérite de la femme est plus fragile que celui de l'homme.

§ 92.

La volonté des jeunes filles a moins besoin d'être fortifiée que ployée et adoucie. Comme les divinités plastiques, les femmes doivent exprimer leurs sentiments avec calme et douceur. Chaque excès intérieur ou extérieur détruit leur charme et fait tort à leurs enfants. De tout temps l'homme le plus vaillant a parlé avec le plus de douceur; que la femme forte soit donc disposée à l'indulgence et au support.

La violence peut exister dans l'âme de la femme avec toute la plénitude d'un noble cœur, même avec une douceur, une charité prédominante; et pourtant un tel excès peut attirer des maux irrémédiables à la personne et à ceux qu'elle aime.

Une mère en colère est une contradiction dans l'éducation. De la hauteur pure où se tient encore l'enfant, la violence ne retentit peut-être pas plus qu'une détonation d'arme à feu sur une haute montagne; mais dans les vallées elle devient un tonnerre, et chaque colère de la mère se réfléchit comme un écho multiple.

Opposer la violence à la violence, ce serait vouloir éteindre l'huile bouillante par l'huile bouillante. Que l'on cultive l'amour, la mansuétude, la paix qui préviennent le feu de la colère. Les défenses n'effectuent rien, mais l'exemple est tout-puissant. Les enfants des Quakers sont doux sans être punis, et au milieu des nuages orageux qui les environnent, leurs parents leur apparaissent toujours comme de pures étoiles.

§ 93.

De nature, les femmes sont des gens d'affaires, grâce à l'équilibre de leurs forces et à leur attention sensible. L'éducation exige que l'œil de la femme soit toujours ouvert, l'œil, non la bouche : *claude os, aperi oculos*. Et quel salon de conversation, si grand fût-il, pourrait exercer le regard autant que le cercle domestique? Les jeunes gens qui ont une certaine vocation d'artiste, de savant ou de mathématicien, peuvent se passer de l'esprit pratique, mais la jeune fille ne le peut. Il serait nécessaire d'user de plus de sévérité contre la distraction qui n'est pas le fait de la nature, mais le nôtre, et qui n'est jamais la condition d'une force prédominante. Toute distraction est une faiblesse partielle. Si le poète ou le philosophe était aussi distrait dans le monde intérieur où il travaille que dans le monde extérieur où il se meut, il serait insensé ou inutile.

§ 94.

Que l'on enseigne à la jeune fille tout ce qui exerce le coup d'œil et l'attention sensible : la botanique, cette science inépuisable, paisible, qui attache à la nature par des chaînes de fleurs; ensuite l'astronomie, non celle des mathématiciens, mais l'astronomie religieuse qui agrandit l'esprit, en agrandissant le monde. Je conseille aussi les mathématiques; mais il manque aux femmes, qui ont déjà un Fontenelle astronome, un Fontenelle mathématicien; car il ne peut être ici question que des plus simples principes de mathématiques. Elles pourraient étudier de bonne heure la géométrie, ce second œil qui divise le monde sensible ainsi que Kant divise le monde de l'esprit. La géométrie (qui est l'observation philosophique), n'excite jamais l'esprit aux dépens du corps.

Il n'en est pas de même de la philosophie. Pourquoi l'enseignerait-on à ces amantes de la sagesse et des sages? Leur sexe, il est vrai, a quelquefois produit un poète, mais non un philosophe. Une femme de génie peut comprendre

Newton en anglais et l'interpréter en français, mais aucune ne saurait comprendre Kant ou Schelling en allemand. Les mieux douées d'entre les femmes ont une façon particulière de comprendre le profond penseur que ses disciples mêmes ne suivent qu'en tâtonnant, elles retrouvent partout leurs propres pensées, c'est-à-dire des sentiments.

La géographie, comme simple nomenclature des pays, est sans valeur pour le développement intellectuel, et de peu d'utilité pour la destinée de la femme. Mais il est indispensable que les descriptions des voyageurs arrachent l'esprit de la jeune fille au pays natal où il est enchaîné, et lui ouvrent de grands horizons. Que l'on mette donc entre ses mains le meilleur choix de récits de voyages.

Que l'histoire épargne aux jeunes filles le plus possible de noms et de dates. Qu'on n'embarrasse pas leur mémoire de la généalogie des princes; mais qu'on élève leur âme par l'histoire des grands hommes et des grands événements.

La musique, vocale et instrumentale, appartient à l'âme de la femme. C'est le chant d'Orphée qui la rend insensible à la voix des sirènes et la ravit jusque dans l'automne de la vie par les échos de l'éternelle jeunesse. Le dessin, étudié à fond, dérobe trop de temps au mari et aux enfants : c'est pourquoi le dessin est presque toujours un art perdu.

Une langue étrangère est nécessaire, ne serait-ce que pour faire mieux connaître la langue maternelle.

Il y a un charme que toutes les jeunes filles pourraient avoir, qui ravit à la fois celle qui le possède, et celle qui ne le possède pas, qui est l'ornement de la personne, la parure de chaque mot, qui reste inaltérable aussi longtemps que la femme parle. Ce charme c'est le pur accent qui ne rappelle aucun idiome particulier. Nous engageons les mères à prendre des leçons de prononciation et à les répéter à leurs filles.

Les jeunes filles ne peuvent assez écrire, comme si, en mettant ainsi le monde extérieur à l'arrière-plan, elles faisaient plus de place et de paix pour le monde intérieur. On trouve souvent dans la correspondance ou le journal des femmes, même de celles dont la conversation est le plus ordinaire, un ciel inattendu qui s'ouvre spontanément.

Mais sur quoi et dans quel but écrivent-elles? Il faut que le thème soit imposé par le moment actuel, car leurs sentiments et leurs pensées sont climatériques. C'est pourquoi certains esprits féminins ont écrit des lettres si éloquentes qu'il serait à désirer que cinq femmes auteurs écrivissent comme vingt auteurs épistolaires pour que le commerce de librairie eût quelque valeur.

§ 95.

Nous voudrions contribuer à former l'activité à côté de la douceur, non seulement dans le mariage, mais dans toute la vie de la femme. L'idée agit sur l'esprit à la façon républicaine; le sentiment, à la façon monarchique. Un objet quelconque, par exemple une toilette de bal, captive la femme et l'arrache à sa vie intérieure. Celle qui, au moment de s'habiller pour le bal, peut songer à quelque chose de meilleur, a une certaine supériorité intellectuelle. Le présent avec une seule idée, ne règne jamais plus fortement que sur des âmes qui sortent de leurs rêves intérieurs pour être éblouies par la pure lumière du jour.

Voilà pourquoi les femmes ne sont jamais exactes et qu'elles oublient toujours quelque chose.

§ 96.

On peut combattre aussi peu la vanité de la femme que l'orgueil de l'homme. Des avantages qui, ainsi que les fleurs, sont à la surface, rendent facilement vain; c'est pourquoi les femmes, les hommes d'esprit, les acteurs, les soldats sont vains du présent, de la forme et du vêtement; tandis que d'autres avantages, ensevelis dans les profondeurs et difficilement manifestés, tels que la fermeté, la vigueur de la pensée, la dignité, conservent à l'âme la modestie et la fierté. Nelson était aussi vain de ses décorations, de la perte de son œil et de son bras, qu'il était fier de sa calme vaillance.

Le désir de plaire par ce qui n'est qu'extérieur est aussi innocent et naturel que le désir de paraître insignifiant ou désagréable le serait peu. Pourquoi un peintre aurait-il le droit de satisfaire aux exigences de l'œil tandis qu'on refuserait ce droit à sa femme? Il est vrai qu'il y a une vanité dangereuse, celle qui rabaisse le domaine intérieur, qui fait des sentiments des pièges pour l'œil et l'oreille et se procure un faux mérite par ce qui a de la valeur en soi. Que la jeune fille se contente de plaire par son extérieur et sa parure; mais qu'elle ne fasse point parade de ses bons sentiments. Que la mère se mette en garde contre la manie de louer et de blâmer. David perdit ses sujets en en faisant le dénombrement. Tandis que l'homme a toutes sortes de cothurnes pour se montrer au public plus grand qu'il n'est en effet, le tribunal, le Parnasse, la chaire, le char de triomphe, etc., la femme n'a aucun piédestal pour son être intérieur, il ne lui reste que son extérieur : pourquoi voudriez-vous le lui enlever? L'homme, dans un collège ou une corporation, paraît en quelque sorte dans une société d'assurance de son mérite; mais la femme est toute seule pour faire valoir sa personnalité. C'est peut-être pour cette raison que les femmes ont tant de peine à supporter une louange conditionnelle, et qu'elles sentent plus vivement les restrictions de la louange que la louange elle-même.

Vivifiez le cœur, et il n'aspirera plus à l'air mais à l'éther. Nul n'est moins vain qu'une fiancée.

Confiez à votre fille une tâche importante, et elle regardera moins autour d'elle. Une belle œuvre absorbe son auteur et son lecteur qui ne songent plus à eux-mêmes. Dans le combat naval, aucun Nelson n'est vain, dans le combat sur terre, aucun Alcibiade ne l'est, et dans le conseil d'État, aucun Caunitz ne saurait l'être.

§ 97.

Je voudrais écrire tout un chapitre sur la gaieté et l'esprit de raillerie des jeunes filles et le dédier aux mères qui interdisent si souvent la gaieté. Y a-t-il quelque chose de plus beau et de plus poétique dans la vie que le rire et l'enjouement de la jeune fille qui, dans l'harmonie de toutes ses forces, s'en sert en toute liberté? Leur gravité est rarement aussi innocente que leur raillerie; et leur humeur hautaine l'est encore moins.

La gaieté répand la lumière sur toutes choses; l'humeur de même fait tomber son brouillard sur tout ce qui l'environne. Qu'on ne craigne pas que la plaisanterie exclue la profondeur et la sensibilité. Le législateur Lycurgue n'a-t-il pas établi dans sa demeure un autel au rire? Sous l'enjouement extérieur se développe la force calme du cœur dont la plénitude s'épand.

§ 98.

Il nous resterait à nous occuper de l'éducation des femmes de génie. Mais j'insiste fortement pour elles sur l'éducation ordinaire qui sera un contre-poids pour leur imagination. Le génie qui éclate par des œuvres merveilleuses, ne se laisse ni instruire ni dompter; et il résiste

u temps, au sexe et à toute entrave. Le talent, non le gé-
ie, peut être comprimé, c'est-à-dire détruit; comme on
eut détruire, c'est-à-dire diviser tout ce qui est composé,
on la force simple.

Si l'homme de génie n'en est pas moins pour cela homme,
itoyen et père, la femme de génie ne doit non plus se
roire au-dessus de sa tâche de chaque jour. Puisque
ean-Jacques a écrit sur l'éducation, comment une femme
minente rougirait-elle de le faire? peut-être même les
alents extraordinaires de la femme seraient-ils le mieux
mployés dans l'éducation.

Mais si elles rougissent des actions et qu'elles se van-
ent des idées, leur destinée se venge sur elles *justement* et
évèrement.

D'abord *justement.* Car la femme est destinée à être la
'esta ou la vestale du foyer, non l'océanide de la mer;
lus l'idéal est complet, plus elle doit s'efforcer de l'expri-
ner dans la réalité, ainsi que l'idéal des idéals, Dieu,
'exprime dans le monde; elle doit élever sa fille comme
ieu élève la race humaine. Un poète ne peut-il manifester
on idéal aussi bien dans l'étroite école des Pays-Bas qu'au
rand horizon de l'école italienne? Pourquoi la femme ne
éaliserait-elle pas le sien dans la cuisine, la cave et le
ynécée?

J'ai dit aussi que la destinée se venge *sévèrement* quand
lle est négligée. Jamais la femme ne peut oublier d'aimer,
lors même qu'elle est poète ou souveraine. Et en sortant
e sa vraie vocation elle s'expose à être d'autant plus
nalheureuse que son cercle intellectuel est plus grand.

Mais si elle réunit la vocation féminine à la vocation gé-
iale, un rare et suprême bonheur entre dans son cœur;
ur la hauteur où elle s'est élevée se dissipent, comme sur
s hautes cimes, tous les nuages qui déversent la pluie
ans les vallées.

PENSÉES DÉTACHÉES

§ 99.

Une doctrine de l'éducation ne renferme en soi ni la doctrine d'enseignement, dont l'immense étendue embrasse les erreurs de toutes les sciences et de tous les arts, ni la doctrine de redressement qui exigerait des volumes. Cependant, aucune science ne se met en mouvement sans donner le branle aux autres, ainsi que les pieds et les mains.

§ 100.

Lavater, par une succession de vingt-quatre figures, transformait une tête de grenouille en une tête d'Apollon; je voudrais qu'un art quelconque pût rétablir une nature défigurée dans les pures lignes de l'humanité. Dans un même être, on pourrait démontrer l'histoire de tous les faux remèdes; et ce serait une œuvre utile et difficile. Que de fois le bras de l'humanité mal redressé est cassé de nouveau pour être rétabli!

§ 101.

Que les cyropédagogues romanesques n'oublient pas que l'éducation montre sa vraie force, non dans un enfant isolé, mais dans la réunion d'un certain nombre d'enfants. Un législateur n'agit sur la multitude que par la multitude. Un Moïse ne forme pas un Israélite. Mais le peuple de Moïse qui a prospéré dans toutes les zones, et conservé les formes mosaïques malgré sa dispersion, prouve d'autant plus la force de l'éducation. Que cet exemple donne aux pères du courage contre toutes les influences contraires que leurs enfants pourront subir.

§ 102.

Que ce courage ne soit pas affaibli par un fait contradictoire, savoir, que les enfants sont souvent méconnaissables en public. « C'était un fruit de serre chaude, se dit alors le père, et j'ai perdu ma peine. » Il oublie que souvent il devient étranger à lui-même et que ses enfants, plus impressionnables et plus faibles, sont plus exposés que lui à succomber au présent.

§ 103.

Une règle sensée serait de laisser intellectuellement en friche, pendant les cinq premières années, l'esprit que l'on destine à la science, afin que le corps se fortifie et devienne capable de porter les futurs trésors. Habitué à se tourner sur lui-même, il recevra d'abord avec distraction les enseignements extérieurs. Mais bientôt ils seront recueillis et concentrés.

§ 104.

L'humanité est une mer immense dont les eaux fluviales ne peuvent adoucir l'amertume; mais l'eau douce ne tarit jamais sur la terre. Plus les pères s'élèvent au-dessus de leur temps et par conséquent au-dessus de l'avenir auquel ils confient leurs enfants, plus ils doivent de reconnaissance au passé qui les a formés. Et c'est par les mains de leurs enfants qu'ils doivent présenter leur tribut à leurs ancêtres.

§ 105.

Qui veut adorer la nature humaine en Dieu peut la contempler dans l'enfant. Il n'y a point de méchant enfant. Ce qui plus tard se développe en lui n'obscurcit pas plus le germe, que ce qui se développe en nous après la mort.

§ 106.

L'esprit de l'éducation c'est le pressentiment du tout, le but le plus élevé de l'humanité, la manifestation du divin.

§ 107.

L'éducation dépend plus du caractère que de l'intelligence. Pour être éducateur, il suffit d'être honnête homme.

§ 108.

Nous disons avec assurance que le but de l'éducation est le développement, comme si l'homme était une pelote que l'on puisse développer sur le papier. Qui ne meurt avec le sentiment d'avoir trop poussé dans un sens, pas assez dans l'autre! L'homme peut faire une œuvre d'art, il ne peut en être une.

§ 109.

Chacun croit développer quand il ordonne, défend, punit ou récompense. Qu'est-ce que le développement? Il consiste à élever les facultés, au-dessus des conditions du milieu. Toutes choses se développent par elles-mêmes; ce n'est pas nous qui faisons la croissance, nous ne pouvons que l'activer ou la ralentir. Le Huron et le Parisien se développent; les temps se développent aussi. La philosophie actuelle nous prouve que le développement n'a pas de limites absolues. Si la vie était plus longue, il en résulterait un tout autre épanouissement de toutes ses parties.

§ 110.

Sans la foi, il n'y aurait point d'éducation; car chaque preuve aurait besoin d'être démontrée par une preuve plus difficile. La véracité logique et la véracité morale sont une seule et même chose pour l'enfant. Quelle belle confusion! Après tout, ce n'en est point. La foi n'est-elle pas ce qu'il y a de plus élevé, et sans elle, l'homme, le génie est-il accessible à l'homme? Qu'est-ce que la foi, sinon une disposition à recevoir? Que l'homme est grand, puisqu'il croit à un inconnu, et que l'enfant croit à son père! Tenez pour sacré le regard de l'enfant qui cherche et interroge, qui sépare rigoureusement par des paroles ce qui est frivole de ce qui est sérieux.

§ 111.

L'incrédulité n'est que l'incapacité d'admettre la vraisemblance. On se figure que la foi est passive, tandis qu'elle est active au plus haut degré; les hommes forts seuls croient, les faibles chancellent. Quelle force immense vous donne la foi dans votre ami! Une âme digne de foi peut seule croire. Si l'enfant doute de vous, il doute de lui-même, et tout est perdu. L'amitié, la religion, l'amour reposent sur la foi. La foi est la vérité innée.

§ 112.

Il n'est pas juste de représenter l'Éternel comme dispensateur des récompenses et des châtiments. Mais il faut présenter sa toute-puissance, sa toute science, son infinitude, sa sainteté, etc.

§ 113.

On craindrait d'élever ou de diriger s'il n'y avait un cœur qui suit éternellement une même direction. L'éternelle conscience qui indique toujours le même pôle, nous donne seule le courage de nous embarquer sur cette mer. La raison ne le peut. Nous élevons quand nous formons pour la moralité. Là seulement la certitude est possible, quelques nouvelles terres que l'on découvre. L'étoile polaire de la morale dirige, éclaire, et ne disparaît qu'au tropique.

§ 114.

La religion suprême est l'oubli du moi, le dédain des séductions terrestres, la sérénité malgré toutes les émotions intérieures, une harmonie de vie que nulle poésie ne peut donner, une hauteur qui n'a besoin d'aucune morale, parce qu'il n'y a rien à vaincre, chaque créature étant un membre de Dieu.

§ 115.

L'homme irréligieux est celui qui n'aspire à aucune religion. Quiconque cherche quelque chose de plus élevé que ce que donne la vie, a de la religion.

§ 116.

Que la religion et la poésie gardent le cœur ouvert! que la terre environne la racine de la plante, mais qu'il n'en tombe point dans le calice.

§ 117.

Au moment de la tentation, donnez les grandes idées. La grandeur seule défend contre la petitesse, l'idée contre l'impulsion. La nature physique n'est ni méprisable ni destructible ; mais vous êtes l'un et l'autre si vous n'êtes capable d'équilibrer la nature physique et la nature morale. Que peut-on opposer à la chair ? Ce qui partout est tout-puissant en ceux qui souffrent du feu ou de l'épée, du froid ou de la faim : l'idée. Si l'idée, l'esprit triomphe de la chair, pourquoi n'en serait-il pas ainsi dans l'éducation ?

§ 118.

Rien n'agit autant sur les enfants que la sévérité et la fermeté, alternant avec la douceur et l'amour.

Les parents croient bien élever l'enfant en s'efforçant de le corriger des défauts qui les incommodent. Ils exigent l'obéissance, le travail, la véracité, pour mieux disposer de l'enfant et le manier. Qu'ils songent à l'élever d'une manière désintéressée, de leur propre nature à une nature supérieure.

L'enfant peut commettre des fautes ; mais si vous êtes parfaits à ses yeux, son propre péché devient sa remontrance, car votre exemple est sa seconde conscience.

FIN

TABLE DES MATIÈRES

SOCIÉTÉ ANONYME D'IMPRIMERIE DE VILLEFRANCHE-DE-ROUERGUE
Jules Bardoux directeur.

www.ingramcontent.com/pod-product-compliance
Ingram Content Group UK Ltd.
Pitfield, Milton Keynes, MK11 3LW, UK
UKHW031854260826
14628UKWH00002B/764

9 782019 684327